RÉPON

DE MONSIEUR

DE SAINTFOIX

AU R. P. GRIFFET,

ET

RECUEIL

DE TOUT CE QUI A ÉTÉ ÉCRIT

SUR LE PRISONNIER MASQUÉ.

RÉPONSE

DE MONSIEUR

DE SAINTFOIX

AU R. P. GRIFFET,

ET

RECUEIL

DE TOUT CE QUI A ÉTÉ ÉCRIT

SUR LE PRISONNIER MASQUÉ.

A LONDRES;

Et se trouve A PARIS,

Chez VENTES, Libraire, à la Montagne-
Sainte-Génevieve.

M. DCC. LXX.

RÉPONSE

AU R. P. GRIFFET,

Et RECUEIL de tout ce qu'on a écrit sur le Prisonnier masqué.

UN homme transféré dans une prison avec toutes les précautions possibles pour qu'il soit inconnu, même après sa mort : qu'on oblige d'être toujours masqué : que le Gouverneur traite avec la plus grande considération : dont on meuble la chambre *de toutes choses* & d'une façon distinguée dans un lieu où ces égards sont extrèmement rares :

A

à qui l'on donne tout ce qu'il fou-
haite, & dont on fatisfait jufqu'aux
(a) fantaïfies qui doivent paroître
les plus bifarres dans une prifon :
toutes ces circonftances forment un
événement qui a dû piquer la curiofité de tous ceux qui en ont entendu parler. Je publiai, il y a environ deux ans, une lettre fur ce
Prifonnier ; je n'y penfois plus, ni
à quelques particularités qu'on m'a-
voit écrites d'Angleterre à l'occafion de ma Lettre. Il vient de paroître un *Traité des différentes fortes*

––––––––––––––––––––

(a) Il eft très certain que Madame le
Bret, mere de feu M. le Bret, Premier
Préfident & Intendant en Provence, choi-
fiffoit à Paris, à la priere de Madame de
Saint-Mars, fon intime amie, le linge le
plus fin & les plus belles dentelles, & les
lui envoyoit à l'Ifle Sainte - Marguerite
pour ce Prifonnier ; ce qui confirme ce
qu'a rapporté M. de Voltaire.

de preuves qui servent à établir la vérité de l'Histoire ; par le R. P. *Griffet.* Cet Ouvrage a été accueilli & lu avec l'empressement distingué que l'Auteur mérite à tous égards. Le Chapitre où il parle du Prisonnier masqué, p. 291 , a réveillé mes idées sur cette anecdote ; j'ai fait de nouvelles recherches ; je crois qu'elles m'ont réussi ; le Lecteur en jugera , & de mes nouvelles réflexions, & de mes réponses au R. P. Griffet. On ne peut bien décider sur un fait qu'en ayant en entier sous les yeux ce qu'en ont dit & pensé les différentes personnes qui en ont parlé , & d'ailleurs j'ai cru qu'on seroit bien aise de trouver ici rassemblé tout ce qu'on a écrit sur cet événement singulier.

JOURNAL de M. du Jonca, Lieutenant de Roi de la Bastille.

» JEUDI, 18 Septembre 1698, à
» trois heures après midi, M. de
» Saint - Mars , Gouverneur de la
» Bastille , est arrivé pour sa pre-
» miere entrée , venant des Isles
» Sainte-Marguerite & Saint-Ho-
» norat , ayant amené avec lui ,
» dans sa litiere, un ancien Pri-
» sonnier qu'il avoit à Pignerol ,
» dont le nom ne se dit pas, le-
» quel on fait tenir toujours mas-
» qué , & qui fut d'abord mis dans
» la tour de la Basiniere, en atten-
» dant la nuit , & que je conduisis
» ensuite moi-même , sur les neuf
» heures du soir , dans la troisieme

» chambre de la tour de la Bertau-
» diere, laquelle chambre j'avois
» eu foin de faire meubler de tou-
» tes chofes, avant fon arrivée, en
» ayant reçu l'ordre de M. de Saint-
» Mars..... En le conduifant dans
» ladite chambre, j'étois accompa-
» gné, ajoute M. du Jonca, du
» Sieur Rofarges, que M. de Saint-
» Mars avoit amené avec lui, &
» lequel étoit chargé de fervir &
» de foigner ledit Prifonnier qui
» étoit nourri par le Gouverneur ».

Tout le monde penfera comme
le R. P. Griffet. Il réfulte, dit-il,
de cette piece authentique, de ce
Journal écrit tout entier de la main
de M. du Jonca, 1°. qu'il n'y avoit
que le Sieur Rofarges qui fût employé à fervir ce Prifonnier, à l'ex-
clufion de tous les domeftiques ordinaires du Château : 2°. que fa
chambre étoit mieux meublée que

celle des autres prifonniers, puifqu'il y avoit eu des ordres en-
voyés par M. de Saint-Mars, de la
meubler *de toutes chofes* ; ce qui
ne peut s'entendre que d'un ameu-
blement plus riche & plus recher-
ché que celui des autres chambres,
fans quoi il n'eût pas été néceffaire
d'envoyer pour cela des ordres exprès , puifque les chambres de la
Baftille font toujours meublées ,
mais fort fimplement ; il falloit
donc qu'on eût ordonné un ameu-
blement particulier pour celle-là :
3°. qu'en difant que ce Prifonnier
étoit *nourri par le Gouverneur* , M.
du Jonca a voulu faire entendre ,
ou que le Gouverneur mangeoit
avec lui, ou que fa table étoit fer-
vie comme celle du Gouverneur ;
car d'ailleurs il n'y a dans ce Château aucun prifonnier qui ne foit
nourri par le Gouverneur , cet ufage

étant établi & ayant toujours con-
tinué depuis Louis XI ; M. du Jonca
a donc voulu donner à entendre,
par cette expreffion, que ce Prifonnier avoit, à l'égard de la nourri-
ture, des avantages & des diftinc-
tions particulieres.

Suite du Journal de M. du Jonca.

» Du Lundi, 19 Novembre 1703,
» le Prifonnier inconnu, toujours
» mafqué d'un mafque de velours
» noir, que M. de Saint-Mars avoit
» amené avec lui, venant des Ifles
» Sainte-Marguerite, qu'il gardoit
» depuis long-temps, s'étant trouvé
» hier un peu plus mal, en fortant
» de la meffe, il eft mort aujour-
» d'hui, fur les dix heures du foir,
» fans avoir eu une grande maladie ;
» il ne fe peut pas moins. M. Gi-

» raut, notre Aumonier, le con-
» fessa hier; surpris de la mort, il
» n'a pu recevoir ses Sacremens,
» & notre Aumonier l'a exhorté un
» moment avant que de mourir. Il
» fut enterré le Mardi, 20 Novem-
» bre, à quatre heures après midi,
» dans le cimetiere de S. Paul, notre
» Paroisse; son enterrement coûta
» 40 livres ».

*Extrait des Regiſtres de ſépul-
ture de l'Egliſe Royale &
Paroiſſiale de S. Paul à Paris.*

L'an mil ſept cent trois, le dix-
neuf Novembre, *Marchialy*, âgé
de quarante-cinq ans, ou environ,
eſt décédé dans la Baſtille, duquel
le corps a été inhumé dans le cimetiere de S. Paul, ſa Paroiſſe, le vingt
du préſent, en préſence de M. Ro-

[9]

farges, Major, & de M. Reilh,
Chirurgien - Major de la Baſtille,
qui ont ſigné.

Il eſt encore très-certain qu’a-
près ſa mort, il y eut ordre de brû-
ler généralement tout ce qui avoit
été à ſon uſage, comme linge, habits, matelats, couvertures, &c ;
que l’on fit regrater & reblanchir
les murailles de la chambre où il
avoit été logé, & qu’on pouſſa même les précautions au point d’en
défaire les carreaux, dans la crainte
ſans doute qu’il n’eût caché quelque billet, ou fait quelque marque
qui eût pu aider à faire connoître
qui il étoit.

Examinons à préſent les différentes opinions qu’on a eues au ſu-
jet de ce priſonnier. M. de Voltaire (*Siecle de Louis XIV.*) ſe con-
tente de rapporter ſimplement ce
qu’il en avoit entendu dire ; il ne

difcute ni le fait ni les circonftances.

» Quelques mois, dit-il, apr_s la
» mort du Cardinal Mazarin, en
» (a) 1661, il arriva un événement
» qui n'a point d'exemple, & ce
» qui n'eft pas moins étrange, c'eft
» que tous les Hiftoriens l'ont igno-
» ré. On envoya dans le plus grand
» fecret, au Château de l'Ifle Sainte-
» Marguerite, dans la mer de Pro-
» vence, un Prifonnier d'une taille
» au-deffus de la médiocre, jeune &
» de la figure la plus belle & la plus
» noble. Il portoit, dans la route,
» un mafque dont la mentonniere
» (b) avoit des refforts d'acier qui

(a) Ce ne fut pas en 1661, mais en
1685 ; c'eft ce qui fera prouvé dans la
fuite.

(b) Il eft conftaté, par le Journal de
M. du Jonca, que ce mafque étoit de
velours noir ; ainfi le mafque de fer &

» lui laiſſoient la liberté de man-
» ger avec le maſque ſur le viſage.
» On avoit ordre de le tuer s'il ſe
» découvroit. Il reſta dans l'Iſle juſ-
» qu'à ce qu'un Officier , nommé
» Saint-Mars , ayant été fait Gou-
» verneur de la Baſtille , en 1699 ,
» l'alla prendre (a) à cette Iſle
» Sainte-Marguerite & le conduiſit
» à la Baſtille , toujours maſqué.

---

la mentonniere à reſſorts , ſont de pure
imagination , & prouvent que ceux qui
diſoient avoir vu ce Priſonnier , ne l'a-
voient jamais vu.

(a) Il eſt certain que M. de Saint-
Mars eut , en 1685 , le Gouvernement des
Iſles Sainte-Marguerite & Saint-Honorat ,
& qu'il en ſortit en 1698 , & non pas
1699 , pour être Gouverneur de la Baſtille , où il amena ce Priſonnier qu'il gardoit depuis long - temps à l'Iſle Sainte-
Marguerite ; ainſi il n'alla pas le prendre
à cette Iſle.

» Le Marquis de Louvois alla le
» voir dans cette Isle avant sa transf-
» lation, lui parla debout & avec
» une confidération qui tenoit du
» respect. Cet Inconnu fut mené à
» la Baftille, où il fut logé auffi
» bien qu'on peut l'être dans ce
» Château : on ne lui refufoit rien
» de ce qu'il demandoit ; fon plus
» grand goût étoit pour le linge
» d'une fineffe extraordinaire ; il
» jouoit de la guitarre ; on lui fai-
» foit la plus grande chere , & le
» Gouverneur s'affeyoit rarement
» devant lui. Un vieux Médecin
» de la Baftille, qui avoit fouvent
» traité cet homme fingulier dans
» fes maladies , a dit qu'il n'avoit
» jamais vu fon vifage, quoiqu'il
» eût fouvent examiné fa langue &
» le refte de fon corps. Il étoit ad-
» mirablement bien fait, difoit ce
» Médecin ; la peau un peu brune ;

» il intéreſſoit par le ſeul ſon de ſa
» voix; ne ſe plaignoit jamais de
» ſon état, & ne laiſſoit point en-
» trevoir ce qu'il pouvoit être; cet
» Inconnu mourut en (a) 1704 &
» fut enterré la nuit à la Paroiſſe
» S. Paul. Ce qui redouble l'éton-
» nement, c'eſt que, quand on
» l'envoya à l'Iſle Sainte-Margue-
» rite, il ne diſparut dans l'Etat au-
» aucun homme conſidérable. M.
» de Chamillard fut le dernier Mi-
» niſtre qui eut cet étrange ſecret.
» Le ſecond Maréchal de la Feuil-
» lade, ſon gendre, m'a dit qu'à la
» mort de ſon beau-pere, il le con-
» jura à genoux de lui apprendre
» ce que c'étoit que cet Inconnu
» qu'on ne connut jamais que ſous
» le nom de l'*Homme au maſque de*

(a) Ce fut en 1703.

» *fer* ; Chamillard lui répondit que
» c'étoit le secret de l'Etat, & qu'il
» avoit fait serment de ne le point
» révéler ».

LETTRE de M. de la Grange-Chancel à M. Freron, au sujet de l'Homme au masque de fer.

L E séjour que j'ai fait aux Isles Sainte-Marguerite, où cet événement de l'*Homme au masque de fer* n'étoit plus un secret d'Etat dans le temps que j'y arrivai, m'en a appris des particularités qu'un Historien plus exact dans ses recherches que M. de Voltaire, auroit pu sçavoir comme moi, s'il s'étoit donné la peine de s'en instruire. Cet événement extraordinaire qu'il place en 1661, quelques mois après

la mort du Cardinal Mazarin, n'eſt
arrivé qu'en 1669, huit ans après
la mort de cette Eminence. M. de
la Motte-Guérin, qui commandoit
dans ces Iſles, du temps que j'y
étois détenu (a), m'aſſura que ce
Priſonnier étoit le Duc de Beaufort qu'on diſoit avoir été tué au
ſiege de Candie, & dont on ne
put trouver le corps ſuivant toutes
les relations de ce temps-là. Il me
dit auſſi que le Sieur de Saint-
Mars, qui obtint le gouvernemènt
de ces Iſles après celui de Pignerol,
avoit de grands égards pour ce Priſonnier ; qu'il le ſervoit toujours
lui-même en vaiſſelle d'argent, &
lui fourniſſoit ſouvent des habits
auſſi riches qu'il paroiſſoit le deſi-
rer ; que dans les maladies où il
avoit beſoin de Médecin ou de

(a) Comme Auteur des Philippiques.

Chirurgien, il étoit obligé, sur peine de la vie, de ne paroître en leur préfence qu'avec fon mafque de fer, & que lorfqu'il étoit feul, il pouvoit s'amufer à s'arracher le poil de la barbe avec des pincettes d'acier très-luifant & très-poli. J'en vis une de celles qui lui fervoient à cet ufage entre les mains du Sieur de Formanoir, neveu de Saint-Mars, & Lieutenant d'une Compagnie Franche prépofée pour la garde des prifonniers. Plufieurs perfonnes m'ont raconté que lorfque Saint-Mars alla prendre poffeffion du gouvernement de la Baftille où il conduifit fon Prifonnier, on entendit ce dernier, qui portoit fon mafque de fer, dire à fon conducteur : *Eft-ce que le Roi en veut à ma vie ? Non, mon Prince,* répondit Saint-Mars, *votre vie eft en fûreté ; vous n'avez qu'à vous laiffer conduire.* J'ai

sçu de plus, d'un nommé Dubuis-
son , Caissier du fameux Samuel
Bernard, qui , après avoir été quelques années à la Bastille , fut conduit aux Isles Sainte-Marguerite ,
qu'il étoit dans une chambre , avec
quelques autres prisonniers, préci-
sément au-dessus de celle qui étoit
occupée par cet inconnu ; que par le
tuyau de la cheminée ils pouvoient
s'entretenir & se communiquer leurs
pensées ; mais que ceux-ci lui ayant
demandé pourquoi il s'obstinoit à
leur taire son nom & ses aventures,
il leur avoit répondu que cet aveu
lui coûteroit la vie , aussi bien qu'à
ceux auxquels il auroit révélé son
secret.

D'ailleurs, si l'on considere l'esprit remuant du Duc de Beaufort,
& la part qu'il eut à tous les mouvemens de Paris du temps de la
Fronde , peut-être ne sera-t-on pas

furpris du parti violent qu'on prit pour s'en affurer, d'autant plus que l'Amirauté, dont il s'étoit fait donner la furvivance, le mettoit journellement en état de traverfer les grands deffeins de M. Colbert chargé du Département de la Marine. Cet Amiral, qui paroiffoit fi dangereux à ce Miniftre, fut remplacé, felon fes intentions, par le Duc de Vermandois, fils du Roi & de la Ducheffe de la Valiere, lequel n'avoit alors que deux ans.

Enfin ceux qui voudront fuputer l'âge que pouvoit avoir le Duc de Beaufort lorfqu'il mourut à la Baftille en 1704, n'ont qu'à fe rappeller que la Ducheffe de Nemours, fa contemporaine, mourut prefqu'en même temps que celui qui fut l'auteur de fon veuvage par le duel qui la priva de fon époux.

Quoiqu'il en foit, aujourd'hui

que le nom & la qualité de cette victime de la politique ne font plus des fecrets où l'Etat foit intéreffé, j'ai cru qu'en inftruifant le Public de ce qui eft venu à ma connoif-fance, je devois arrêter le cours des idées que chacun s'eft forgé à fa fantaifie fur la foi d'un Auteur qui s'eft fait une grande réputation par le merveilleux, joint à l'air de vé-rité qu'on admire dans la plupart de fes Ecrits, même dans la vie de Charles XII.

Je fuis, &c.

LA GRANGE-CHANCEL.

RÉPONSE.

LE Duc de Beaufort avoit pu être un des Chefs de la Fronde, & cau-fer des troubles dans l'Etat, com-me les autres Princes, pendant une

minorité que différentes circonstances rendirent très-orageufe ; mais
les temps & les efprits étoient bien
changés ; Louis XIV, adoré, ad-
miré de fes fujets, refpecté de tous
fes voifins, jouiffoit en 1669 d'une
paix glorieufe , après être revenu
triomphant des conquêtes qu'il avoit
entreprifes. Jamais l'autorité Royale
n'avoit été mieux affermie, plus abfolue , & certainement le Duc de
Beaufort ne pouvoit pas alors être
à craindre ; pourquoi donc auroit-
on employé tant de précautions &
de myfteres pour le mettre dans une
prifon, & pour cacher qu'il y étoit?
La détention du Grand Condé même, fi on avoit jugé à ptopos de le
faire arrêter, n'auroit pas caufé la
moindre émeute.

Il y avoit plus de dix ans que le
Duc de Beaufort étoit rentré dans
fon devoir, & depuis ce temps-là

on n'avoit rien eu à lui reprocher. Chargé de toutes nos expéditions maritimes depuis 1664 jufqu'à fa defcente en Candie en 1669 , il s'é-toit comporté avec tout le zele, le courage & la fidélité poffibles ; peut-on fuppofer que Louis XIV ait con-damné un Prince à une prifon per-pétuelle, parce que ce Prince, dans fa charge d'Amiral, *auroit pu tra-verfer les deffeins de M. Colbert fur la Marine ?* Ne peut-on pas dépla-cer , ou ne point employer un Amiral ?

Tous les oui-dire par lefquels on fçut qu'il y avoit à l'Ifle Sainte-Marguerite un Prifonnier qu'on obligeoit de porter un mafque de fer, s'accordoient à lui donner *un air jeune & très-noble ;* le Duc de Beaufort étoit né en 1611 ; il avoit donc cinquante-huit ans en 1669 ; tous les Mémoires où il eft parlé de lui , dès le temps même de sa jeuneffe , difent qu'il étoit d'une grande taille , affez bien fait, mais qu'il avoit l'air commun ; qu'il fe tenoit & marchoit mal ; qu'il étoit toujours groffiérement vêtu, & que cette négligence fur toute fa perfonne alloit jufqu'à (a) la malpropreté. Cela ne s'accorde pas avec le récit de M. de la Grange-Chancel : *on m'affura , dit-il , qu'on lui fourniffoit fouvent des habits auffi riches qu'il paroiffoit le defirer.* Il feroit affez fingulier que le Duc de Beaufort, en vieilliffant & en prifon, fût devenu curieux en habits.

A l'égard de fa mort , voici ce que rapporte un témoin oculaire , le Marquis de Saint-André Mont-

---

(a) Défaut dont fes neveux , M. de Vendôme & le Grand-Prieur , fembloient avoir hérité.

brun, qui commandoit dans Candie :

» M. de Beaufort, dit-il, n'attendit
» pas qu'il fût jour pour donner le
» signal de l'attaque ; les François
» dont on avoit fait trois corps ,
» donnerent fur les retranchemens
» des ennemis avec une valeur in-
» croyable, mais le défordre fe mêla
» bientôt parmi eux ; dès que les
» premiers eurent donné , ils s'ou-
» vrirent pour laiffer le paffage aux
» autres ; ceux-ci les voyant avec
» des meches allumées, crurent que
» c'étoient des ennemis & tirerent
» fur eux ; les longues veftes de
» fept ou huit Arméniens qui fer-
» voient de guides aux premiers,
» aiderent aux autres à fe tromper;
» le jour naiffant découvrit bientôt
» cette méprife . . . . . Tandis que
» M. de Beaufort tâchoit de les ral-
» lier, il fut tué & confondu dans
» la foule des morts. . . . On n'a ja-

Mémoires de Saint-André Montbrun , p. 362, 363, & 365.

» mais bien fçu comment M. de
» Beaufort fut tué , mais on fçait
» que le Grand-Vifir envoya fa tête
» à Conftantinople où elle fut por-
» tée pendant trois jours par les
» rues, au bout d'une pique, comme
» une marque de la défaite des
» Chrétiens ».

On voit dans ces mêmes Mémoires, p. 344, que dans une attaque
précédente , *cent vingt François de
diftinction furent tués , & que leurs
têtes furent mifes au bout d'autant de
piques , & expofées pendant trois jours
dans le camp des Turcs.*

Notre Ambaffadeur à Conftantinople , voulant , dans certaines
circonftances, rappeller au Grand-
Vifir Cuproli Ogli, fils de Mehemet
Cuproli , notre ancienne alliance
avec l'Empire Ottoman ; *je ne fçais
pas , lui dit ce Vifir , fi les François
font nos alliés , mais nous les trouvons
fréquemment*

fréquemment parmi nos ennemis ; ils étoient six mille dans l'armée des Allemands au passage (a) du Raab ; la même année, votre Amiral Beaufort attaqua Gigeri, & continua l'année suivante à faire une guerre cruelle aux Maures qui sont sous notre protection, & ce même Amiral étoit encore venu, avec beaucoup de François pour secourir Candie.

1664.

LETTRE de M. de Palteau à M. Freron. Ann. Litt. Juin 1768.

MONSIEUR,

Comme il paroît par la *Lettre* de M. de Saint-Foix, dont vous

______

(a) Combat de Saint-Godart où les François se signalerent.

B

venez de donner un extrait, que
l'Homme au mafque de fer exerce
toujours l'imagination de nos Ecri-
vains, je vais vous faire part de ce
que je fçais de ce Prifonnier. Il n'é-
toit connu aux Ifles Sainte-Marguerite & à la Baftille que fous le nom
de *la Tour*. Le Gouverneur & les
autres Officiers avoient de grands
égards pour lui; il obtenoit tout
ce qu'ils pouvoient accorder à un
prifonnier. Il fe promenoit fouvent
ayant toujours un mafque fur le vifage. Ce n'eft que depuis que *le Siecle
de Louis XIV* de M. *de Voltaire* a
paru, que j'ai oui dire que ce mafque étoit de fer & à refforts; peut-
être a-t-on oublié de me parler de
cette circonftance; mais il n'avoit
ce mafque que lorfqu'il fortoit pour
prendre l'air, ou qu'il étoit obligé
de paroître devant quelqu'étranger.

Le Sieur *de Blainvilliers*, Officier

d'Infanterie, qui avoit accès chez M. *de Saint-Mars*, Gouverneur des Isles Sainte-Marguerite, & depuis de la Bastille, m'a dit plusieurs fois que le sort de *la Tour* ayant beaucoup excité sa curiosité, pour la satisfaire il avoit pris l'habit & les armes d'un Soldat qui devoit être en sentinelle dans une gallerie sous les fenêtres de la chambre qu'occupoit ce Prisonnier aux Isles Sainte-Marguerite ; que de-là il l'avoit examiné toute la nuit ; qu'il l'avoit très-bien vu ; qu'il n'avoit point son masque ; qu'il étoit blanc de visage, grand & bien fait de corps, ayant la jambe un peu trop fournie par le bas, & les cheveux blancs quoiqu'il ne fût que dans la force de l'âge ; il avoit passé cette nuit-là presqu'entiere à se promener dans sa chambre. *Blainvilliers* ajoutoit qu'il étoit toujours vêtu de brun,

qu'on lui donnoit de beau linge &
des livres, que le Gouverneur & les
Officiers reſtoient devant lui debout
& découverts juſqu'à ce qu'il les fît
couvrir & aſſeoir ; qu'ils alloient
ſouvent lui tenir compagnie & manger avec lui.

En 1698 , M. *de Saint-Mars* paſſa
du Gouvernement des Iſles Sainte-
Marguerite à celui de la Baſtille.
En venant en prendre poſſeſſion il
ſéjourna avec ſon Priſonnier à ſa
Terre de Palteau. L'Homme au
maſque arriva dans une litiere qui
précédoit celle de M. *de Saint-Mars*;
ils étoient accompagnés de pluſieurs
gens à cheval. Les Payſans allerent
au-devant de leur Seigneur ; M. *de*
Saint - Mars mangea avec ſon Priſonnier, qui avoit le dos oppoſé aux
croiſées de la ſalle à manger qui
donnent ſur la cour ; les Payſans que
j'ai interrogés ne purent voir s'il

mangeoit avec fon mafque ; mais
ils obferverent très-bien que M. *de
Saint-Mars* , qui étoit à table vis-
à-vis de lui, avoit deux piftolets à
côté de fon affiette. Ils n'avoient
pour les fervir qu'un feul valet-de-
chambre qui alloit chercher les plats
qu'on lui apportoit dans l'anti-
chambre , fermant foigneufement
fur lui la porte de la falle à manger. Lorfque le Prifonnier traver-
foit la cour il avoit toujours fon
mafque noir fur le vifage ; les Payfans remarquerent qu'on lui voyoit
les dents & les levres ; qu'il étoit
grand & avoit les cheveux blancs.
M. *de Saint-Mars* coucha dans un
lit qu'on lui avoit dreffé auprès de
celui de l'Homme au mafque M. *de
Blainvilliers* m'a dit que lors de fa
mort arrivée en 1704 , on l'enterra
fecrétement à S. Paul , & que l'on
mit dans le cercueil des drogues

B iij

pour (*a*) confumer le corps. Je n'ai point oui-dire qu'il eût aucun accent étranger.

Vous ferez, Monfieur, l'ufage qu'il vous plaira de ces notions qui ne me paroiffent appuyer aucune des conjectures que l'on a tirées jufqu'à préfent fur l'état de ce malheureux Prifonnier.

J'ai l'honneur d'être, &c.

Votre très-humble & très-obéiffant ferviteur,

PALTEAU.

Au Château de Palteau près de Villeneuve-le-Roi., ce 19 Juin 1768.

(*a*) Ces drogues étoient inutiles, s'il eft vrai que le lendemain un homme ayant engagé le Foffoyeur à déterrer ce corps & le lui laiffer voir, ils trouverent un gros caillou à la place de la tête.

RÉPONSE (a).

M. *De Blainvilliers , dit M. de Palteau , m'a raconté plusieurs fois que le fort de ce Prisonnier ayant excité sa curiosité , il avoit pris l'habit & les armes d'un Soldat qui devoit être en sentinelle dans une galerie sous les fenêtres de la chambre qu'occupoit ce Prisonnier aux Isles Sainte-Marguerite ; que de-là il l'avoit examiné toute la nuit ; qu'il l'avoit très-bien vu ; qu'il n'avoit pas son masque ; qu'il étoit blanc de visage , grand & bien fait de corps , ayant la jambe un peu trop fournie par le bas , & les cheveux blancs ,*

______

(a) Je fis insérer cette Réponse dans l'Année Littéraire, Septembre 1768.

quoiqu'il ne fût que dans la force de l'âge ; qu'il avoit paſſé cette nuit preſqu'entiere à ſe promener dans ſa chambre.....

Ce récit de M. de Blainvilliers à M. de Palteau, eſt bien extraordinaire ; je conviens qu'il y a quelquefois des choſes vraies qui ne ſont pas vraiſemblables. Quel eſt l'Officier qui osât corrompre un Soldat, prendre ſes armes , ſon habit, & ſe mettre en ſentinelle à ſa place ? Certainement cet Officier & ce Soldat ſeroient mis au conſeil de guerre , quand même il ne s'agiroit pas d'une affaire d'Etat , & il paroît que celle de ce Priſonnier en étoit une par toutes les précautions qu'on prenoit pour qu'il ne fût pas connu. *M. de Blainvilliers l'examina toute la nuit.* Les ſentinelles ne ſont que de trois heures ; qu'auroit dit le Caporal , en allant relever fon Soldat., s'il avoit trouvé un autre homme à fa place?

Dans toutes les Citadelles & Châteaux où l'on renferme des prifonniers d'Etat , outre les rondes ordinaires , il y en a encore toujours une de demi-heures en demi-heures ; M. de Blainvilliers , pour fatisfaire fa curiofité , fut donc obligé de corrompre nombre de perfonnes qui toutes rifquoient beaucoup. *Il vit que ce Prifonnier étoit grand , bien fait de corps , mais qu'il avoit la jambe un peu trop fournie par le bas.* Comment une fentinelle , au-deffous de la chambre d'un Prifonnier, peut-elle lui voir le bas de la jambe? D'ailleurs il falloit que cette chambre fût bien éclairée cette nuit-là , & que les barreaux de fer n'en fuffent pas ferrés (a) comme ils le font

____

(a) Il eft certain que ce fut à l'occafion de ce Prifonnier, que M. de Saint-

à toutes les fenêtres des prifonniers d'Etat.

Si M. de Blainvilliers, étant en fentinelle fous les fenêtres de ce Prifonnier *qui avoit ôté fon mafque, put l'examiner à fon aife*, tous les Soldats qui y étoient tour à tour en fentinelle, pouvoient l'examiner de même le jour & la nuit, & le voir fans fon mafque; alors pourquoi la précaution de lui en faire porter un?

Puifque *le Gouverneur & les Offi-*

Mars reçut ordre de Louis XIV de préparer une prifon bien fûre & bien clofe dans le fort de l'Ifle Sainte - Marguerite, & M. de Piganiol dans fa Defcription de la France tom. V., p. 376, en dit quelque chofe. On montre par tradition la chambre où il étoit, & l'on m'a affuré qu'elle n'a qu'une feule fenêtre, qui eft du côté de la mer, & environ à 14 ou 15 pieds au-deffus du rez de chauffée & par conféquent des fentinelles.

[35]

ciers reſtoient debout & découverts devant lui juſqu’à ce qu’il les fît ſe couvrir & s’aſſeoir, c’étoit certainement
un homme de la plus grande diftinction; comment cet homme de
la plus grande diſtinction, étant ſi
mal gardé & pouvant parler aux
ſentinelles puiſqu’elles pouvoient
lui voir le bas de la jambe, n’auroit-
il pas tenté, par des promeſſes &
de belles eſpérances, de corrompre
quelque Soldat pour ſe mettre en
liberté, ce qui lui auroit été très-
aiſé, attendu la contrebande conti-
nulle qui ſe faiſoit à l’Iſle Sainte-
Marguerite ?

Piganiol,
t. 5, p. 377.

A l’égard de la remarque des
Payſans qui dirent à M. de Palteau *qu’on voyoit au Priſonnier les
dents & les levres*, elle prouveroit
encore que ce n’étoit pas M. de
Beaufort à qui Madame de Choiſi
avoit un jour répondu, ſur une

plaifanterie qu'il lui faifoit, *M. de Beaufort voudroit mordre & ne le peut pas :* il n'avoit alors que cinquante-trois à cinquante-quatre ans, & n'avoit déja plus de dents. Si c'eût été lui qu'on transféroit à la Baftille, en 1698, & que ces Payfans auroient vu, il auroit eu quatre-vingt-fept ans, étant né en 1611.

---

*EXTRAIT des Mémoires fecrets pour fervir à l'Hif- toire de * Perfe.*

** De France.*

» L E (*a*) Comte de Vermandois, dit
» l'Auteur de ces *Mémoires fecrets,* fut
» élevé avec tout le foin poffible ; il
» étoit beau, bien fait, plein d'efprit,

(*a*) Sous le nom de *Giafer.* Il étoit fils de Louis XIV & de Mademoifelle de la Valiere.

» mais fier, emporté, & ne pouvant
» prendre fur lui de rendre au (a)
» Dauphin le refpect qu'il devoit à
» un Prince né pour être un jour
» fon Roi. Ces deux jeunes Princes,
» à peu près du même âge, étoient
» de caractere oppofé. Le Dauphin
» auffi bien partagé que le Comte
» de Vermandois du côté des agré-
» mens, l'emportoit infiniment par
» fa douceur, fon affabilité & la
» bonté de fon cœur; c'étoient ces
» qualités qui le rendoient l'objet
» des mépris du Comte de Ver-
» mandois; il ne laiffoit échapper
» aucune occafion de dire qu'il plai-
» gnoit les François d'être deftinés
» à obéir un jour à un Prince fans
» efprit & fi peu digne de les com-
» mander. Louis XIV (b) à qui l'on

(a) Sous le nom de *Sephi-Mirza.*
(b) Sous le nom de *Cha-abas.*

» rendoit compte d'une pareille con-
» duite, en fentoit toute l'irrégula-
» rité ; mais l'autorité cédoit à l'a-
» mour paternel, & ce Monarque
» fi abfolu n'avoit pas la force d'en
» impofer à un fils qui abufoit de
» fa tendreffe. Enfin le Comte de
» Vermandois s'oublia un jour au
» point de donner un foufflet au
» Dauphin. Louis XIV en eft auffi-
» tôt informé ; il tremble pour le
» coupable, mais quelqu'envie qu'il
» ait de feindre d'ignorer cet at-
» tentat, ce qu'il fe doit à lui-même
» & à fa couronne, & l'éclat que
» cette action avoit fait à la Cour,
» ne lui permettent pas d'écouter
» fa tendreffe. Il affemble, non fans
» fe faire violence, fes confidens
» les plus intimes ; il leur laiffe voir
» toute fa douleur, & leur demande
» confeil. Attendu la grandeur du
» crime & conformément aux Loix

[39]

» de l'Etat , tous opinerent à la
» mort. Quel coup pour un pere si
» tendre ! Cependant un des Mi-
» niſtres, plus ſenſible que les au-
» tres à l'affliction de Louis XIV ,
» lui dit qu'il y avoit un moyen
» de punir le Comte de Verman-
» dois ſans lui ôter la vie ; qu'il fal-
» loit l'envoyer à l'armée qui étoit
» pour lors ſur les frontieres de
» Flandres ; que peu après ſon ar-
» rivée , on ſemeroit le bruit qu'il
» étoit attaqué de la (a) peſte, afin
» d'effrayer & d'écarter de lui tous
» ceux qui auroient envie de le
» voir ; qu'au bout de quelques jours
» de cette feinte maladie , on le fe-

(a) Jamais le bruit n'a couru que le
Comte de Vermandois fût attaqué de la
peſte ; c'eſt apparemment pour déſigner,
dans cette narration orientale , une fievre
maligne.

» roit paffer pour mort, & que tan-
» dis qu'aux yeux de toute l'armée,
» on lui feroit des obfeques dignes
» de fa naiffance, on le transfére-
» roit de nuit, avec un grand fe-
» cret, à la Citadelle de (*a*) l'Ifle
» Ste Marguerite. Cet avis fut géné-
» ralement approuvé, & fur-tout
» par un pere affligé ; on choifit des
» gens fideles & difcrets pour la
» conduite de cette affaire. Le
» Comte de Vermandois part pour
» l'armée avec un équipage magni-
» fique ; tout s'exécute ainfi qu'on
» l'avoit projetté, & pendant qu'on
» pleure au camp la mort de cet
» infortuné Prince, on le conduit
» par des chemins détournés à l'Ifle
» Sainte-Marguerite, & on le re-
» met entre les mains du Com-
» mandant qui avoit reçu d'avance

(*a*) Sous le nom de *l'Ifle d'Ormus.*

: ordre de Louis XIV de ne laiſſer
: voir ſon Priſonnier à qui que ce
: fût :.

RÉPONSE.

Lᴇ Narrateur de cette mépriſable anecdote, commence par dire que le Dauphin & le Comte de Vermandois *étoient à peu près du même âge* ; le Dauphin, né le premier de Novembre 1661, étoit plus âgé de ſix ans que le Comte de Vermandois, né le 2 Octobre 1667. Lors du prétendu ſoufflet, le Comte de Vermandois avoit ſeize ans ; le Dauphin en avoit vingt-deux, étoit marié & avoit déja un fils, le Duc de Bourgogne ; ainſi ce n'étoient pas deux enfans de douze ou treize ans, qui, vivant & jouant enſemble, peuvent en venir à ſe fâcher,

fe quereller & même fe frapper.
Le Comte de Vermandois , loin
d'être fier & emporté, étoit doux,
poli, careſſant; ſa figure rappelloit
toutes les graces de ſa mere. Vers
la fin de l'année 1682, Louis XIV
ayant ſçu qu'il s'étoit trouvé dans
quelques parties d'une infâme débauche, lui fit la réprimande la
plus ſévere & le bannit de la Cour;
il n'eut la permiſſion d'y reparoître
que vers la fin d'Octobre 1683,
pour prendre congé en partant pour
ſa premiere campagne ; & comme
il ne reſta que quatre jours à la
Cour, il faudroit qu'il eût com-
mis l'attentat en queſtion l'un de
ces quatre jours ; or on va voir par
le récit d'une perſonne qui devoit
être bien inſtruite, qu'il étoit alors
très-matté, très-mortifié & très-éloi-
gné de ſe porter à de pareils excès
d'emportement : « M. de Verman-

» dois, dit Mademoiſelle de Mont-
» penſier , partit pour aller au ſiege
» de Courtrai ; il y avoit peu qu'il
» étoit revenu à la Cour ; le Roi n'a-
» voit pas été content de ſa condui-
» te , & ne vouloit point le voir ; il
» s'étoit trouvé dans des parties de
» débauche ; il étoit fort retiré, ſans
» voir perſonne ; il ne ſortoit que
» pour aller à l'Académie , & le ma-
» tin à la Meſſe ; ceux qui avoient
» été avec lui n'étoient pas agréa-
» bles au Roi ; cela donna beaucoup
» de chagrin à Madame de la Va-
» liere ; il fut bien prêché ; il fit une
» confeſſion générale , & on croyoit
» qu'il ſe fût fait un fort honnête
» homme.... Il tomba malade au
» ſiege de Courtrai , d'avoir bu
» trop d'eau-de-vie ; on dit qu'il
» avoit donné de grandes marques
» de courage , & l'on ne parloit de
» ſon eſprit & de ſa conduite que

Mémoires de Mademoi-ſelle de Mont-penſier , t. 7 , p. 90 & 92.

» comme l'on a accoutumé, selon
» que l'on aime les gens.... Pour
» moi je ne fus pas fâchée de sa
» mort; j'étois bien aise que M. du
» Maine n'eût aucune de ces affai-
» res devant lui.... M. de Lausun
» ne me parla que de la perte que
» le Roi & l'Etat avoient faite en
» M. de Vermandois, & le met-
» toit au-dessus des plus grands
» hommes qui eussent jamais été. Je
» lui dis, modérez ces louanges
» pour qu'on les puisse croire; un
» homme de cet âge ne peut avoir
» toutes les qualités que vous lui
» donnez.... Il me sembloit que
» c'étoit pour dépriser M. du Mai-
» ne, de dire que personne n'éga-
» leroit jamais M. de Vermandois.

» On vient de perdre M. de Ver-
» mandois, dit la Présidente d'O-
» sembrai dans une lettre au Comte
de Bussi Rabutin; « il laisse de lui

Lettres de M. de Bussi Rabutin, t. 5, p. 484.

» des regrets infinis ; il avoit donné
» tant de marques d'un Prince ex-
» traordinaire , que le regret de fa
» mort eſt une douleur publique.
» Vous ne ſçauriez vous imaginer
» combien il étoit libéral & toutes
» les manieres qu'il trouvoit pour
» obliger. Il faiſoit des paris, étant
» ſûr de perdre , contre des gens
» qu'il ſçavoit bien qui n'auroient
» pas pris ſon argent. Il en envoyoit
» porter ſur une table chez des Offi-
» ciers qu'il ſçavoit en avoir beſoin,
» ſans qu'on ſçût de quelle part cela
» venoit. Il a caché trois jours de
» fievre , pour ſe trouver à une ex-
» pédition de guerre. Après cela ,
» vous n'aurez pas de peine à croire
» que le Roi a été très-touché de ſa
» mort. Madame la Princeſſe de
» Conti (ſa ſœur) en eſt inconſo-
» lable. Madame de la Valiere eſt
» tout le jour au pied de ſon Cru-

» cifix. On partage cette douleur à
» l'Hôtel de Condé; car le mariage
» de ce Prince avec Mademoifelle
» de Bourbon , étoit prefque af-
» furé ».

Il y a toujours trop de perfonnes
auprès du Dauphin, pour qu'une
action auffi énorme & auffi inouie
que celle du Comte de Vermandois , n'eût pas été dans l'inftant
publique : or eft-il naturel que Mademoifelle de Montpenfier & Madame d'Ofembrai n'en euffent point
parlé , & que dans aucun des Mémoires de ce temps-là il n'en foit
pas dit un feul mot ? Eft-il naturel
que M. de Laufun & Madame d'O-
fembrai euffent prodigué les plus
grands éloges à un Prince qui, tout
récemment, venoit de donner des
preuves de l'emportement le plus
inconcevable, & qu'on auroit à peine
excufé en difant qu'il étoit devenu
fou ?

L'éclat que cet attentat avoit fait à la Cour, continue l'Auteur des Mémoires fecrets, *& ce que Louis XIV fe devoit à lui-même & à fa couronne, ne lui permettoient pas d'écouter fa tendreffe ; il affemble fes confidens les plus intimes*, &c. Le réfultat de cette affemblée , eft de punir le coupable, mais de prendre toutes les mefures poffibles pour cacher qu'il a été puni ; on lui fait un équipage des plus brillans ; on l'envoie à l'armée ; on feint qu'il y eft attaqué d'une fievre maligne ; qu'il en meurt, & tandis qu'on lui fait à Arras des obfeques magnifiques, on le tranffere très-fecrétement au Château de l'Ifle Sainte - Marguerite ; c'eft-à-dire que Louis XIV, ce Monarque fi jaloux de fa gloire & de fa réputation, oublie *ce qu'il fe doit à lui-même & à fa couronne* , & s'embarraffe peu qu'on dife dans l'Europe qu'un de fes bâtards, ayant infulté d'une façon fanglante le préfomptif héritier du trône, n'en a pas été puni, & qu'au contraire on l'a envoyé à l'armée avec un équipage magnifique. Comment peut-on écrire de pareilles abfurdités?

Toutes les Relations de ce temps-là portent que le Comte de Vermandois fe trouva mal le 12 Novembre au foir; que le lendemain la fievre maligne fe déclara; & qu'il en mourut le 18. Louis XIV & tout fon Confeil n'avoient pas le pouvoir de lui envoyer cette fievre maligne; il fallut donc perfuader à ce Prince *fi violent, fi emporté,* de faire le malade pendant fix jours; je fuppofe qu'on en trouva les moyens; mais, dès qu'on répandit le bruit de cette fievre maligne qu'on prétendoit devoir effrayer & faire fuir fes amis & tout fon monde, gentilshommes,

1683.

tilshommes , pages , valets-de-cham-
bre , laquais , on ne put pas se dif-
penser de le laisser voir aux Médecins & Chirurgiens , & ces Messieurs
connoissent au moins si l'on a ou si
l'on n'a pas la fievre ; les mit-on
dans la confidence ? voilà bien des
confidens ! Et ce M. Goslas , ce pieux
Ecclésiastique , que Madame de la
Valiere avoit donné à son fils pour
le suivre à l'armée & y soigner sa
conscience , comment put-on l'écarter ?

Suite des Mémoires Secrets.

» Un seul domestique , qui étoit
» du secret , fut transféré avec
» le Princé ; mais étant mort en
» chemin , les chefs de l'escorte lui
» défigurerent le visage à coups de
» poignard afin d'empêcher qu'il ne
» fût reconnu , le laisserent étendu
» dans le chemin , après l'avoir fait

C

» dépouiller, pour plus grande pré-
» caution & continuerent leur rou-
» te ».

Voilà donc le feul domeſtique qu'on avoit mis dans le ſecret, qui meurt ſubitement & préciſément au milieu du chemin pour que l'on puiſſe prendre la précaution de le balaffrer, ce qui auroit été difficile & dangereux, s'il étoit mort dans une auberge. Pourquoi n'avoir pas fait auſſi attaquer de mort ſubite les Médecins & les Chirurgiens qui avoient vu que le Comte de Vermandois n'étoit pas malade? Dans le trajet de mer pour paſſer à l'Iſle Sainte-Marguerite, pourquoi n'a-voir pas fait périr toute l'eſcorte par une tempête qui ſe feroit élevée tout-à-coup; le ſeul Comte de Ver-mandois auroit été jetté ſur le ri-vage; le Gouverneur, en s'y pro-menant, l'auroit reconnu, à ſon mafque noir , pour le Prifonnier qu'on lui avoit annoncé , & par de prompts fecours l'auroit rappellé à la vie.

Suite des Mémoires Secrets.

» LE Gouverneur traitoit fon
» Prifonnier avec le plus profond
» refpect; il le fervoit lui-même &
» prenoit les plats, à la porte de la
» chambre, des mains des cuifiniers
» dont aucun n'a jamais vu le vifage
» du Comte de Vermandois. Ce
» Prince s'avifa un jour de graver
» fon nom fur le dos d'une affiete
» avec la pointe d'un couteau ; un
» Efclave entre les mains de qui
» tomba cette affiete, crut faire fa
» cour en la portant au Gouver-
» neur, mais ce malheureux fut
» trompé, & on s'en défit fur le
» champ, afin d'enfévelir avec cet

» homme un secret d'une si grande
» importance ».

Est-ce dans le Royaume de Maroc que cette scene s'est passée ? Louis XIV étoit-il un Sultan ? les Gouverneurs des Places étoient-ils des Bachas ? avoient-ils des muets qui au moindre signe & sans autre forme de procès, alloient exécuter leurs ordres sanguinaires? L'homme le plus misérable a des parens; Saint-Mars ne se feroit-il pas exposé à être pourfuivi par le Parlement de Provence ? Comment peut-on écrire & fuppofer que Louis XIV étoit capable d'approuver que l'on versât le fang d'un de fes Sujets innocent & très-innocent ?

Suite des Mémoires Secrets.

» Le Comte de Vermandois fut
» transféré à la Bastille, lorsque
» Louis XIV en donna le gouver-

» nement au Gouverneur de l'Isle
» Sainte-Marguerite, pour récom-
» penser sa fidélité. On prenoit la
» précaution, à l'Isle Sainte-Margue-
» rite & à la Bastille, de faire met-
» tre un masque à ce Prince, lors-
» que pour cause de maladie, ou
» pour quelqu'autre sujet, on étoit
» obligé de l'exposer à la vue de
» quelqu'un ».

On a vu qu'il est constaté par
le Journal de M. du Jonca, que le
Prisonnier masqué mourut le 19
Novembre 1703 ; M. de Voltaire
& M. de la Grange-Chancel le font
mourir en 1704, du moins ne se
sont-ils trompés que d'une année ;
l'Auteur des *Mémoires Secrets* le res-
suscite & le présente vivant en 1723 ;
le Duc (a) d'Orléans, dit-il, mou-

____

(a) Sous le nom d'*Ali-Houmajou.*

rut peu de temps après avoir été le voir à la Baſtille & la même année que (*a*) Louis XV fut déclaré majeur; *cette viſite*, ajoute-t-il, *n'eut vraiſemblablement point d'autre motif que de s'aſſurer de l'exiſtence d'un Prince cru mort depuis près de* (*b*) *trente-huit ans, & dont les obſeques s'étoient faites à la vue de toute une armée.* C'eſt-à-dire que le Duc d'Orléans, Régent du Royaume depuis le commencement de Septembre 1715, ne ſçavoit pas poſitivement, en 1723, ſi le Comte de Vermandois étoit ou n'étoit pas à la Baſtille, & que ce ne fut qu'au bout de huit ans qu'il eut la curioſité de s'en éclaircir.

(*a*) Sous le nom de *Cha-Sephi.*

(*b*) Il auroit dû dire, ſuivant ſon calcul, près de quarante ans.

L E R. P. Griffet trouve que j'ai combattu par de bonnes & fortes raisons l'opinion de ceux qui ont cru que le Prisonnier masqué étoit le Duc de Beaufort ; mais il ne pense pas que mes raisons, pour prouver que ce Prisonnier n'étoit point aussi le Comte de Vermandois, soient convaincantes & sans replique.

REPLIQUES du R. P. Griffet.

O N prétend que ce Prince n'étoit pas d'un caractere à commettre, contre le Dauphin, l'attentat dont on l'accuse, parce que la *Présidente d'Osembrai* dit, dans une de ses Lettres, *qu'il laissa en mourant des regrets infinis ; qu'il avoit donné des marques d'un Prince extraordinaire,*

C iv

& que sa mort fut une douleur publi-
que.

On pouvoit encore ajouter que l'on voit au milieu du Chœur de l'Eglise Cathédrale d'Arras, où l'on assure qu'il fut enterré, une épitaphe très-longue, qui contient l'éloge le plus complet & le plus étendu de toutes ses belles qualités.

Mademoiselle de Montpensier n'en parle pas si avantageusement dans ses Mémoires. Elle nous apprend, que lorsqu'il partit pour le siege de Courtray, *il y avoit peu de temps qu'il étoit revenu à la Cour ; que le Roi n'avoit pas été content de sa conduite, & ne vouloit point le voir ; qu'il s'étoit trouvé dans des parties de débauche ; que depuis ce temps-là, il étoit fort retiré ; qu'il ne sortoit que pour aller à l'Académie & le matin à la Messe ; que ceux qui* avoient été avec lui , n'étoient pas agréables au Roi ; que cela donna beaucoup de chagrin à Madame de la Valiere ; qu'il fut bien prêché, & que l'on croyoit qu'il se fût fait un fort honnête homme.

Voilà certainement des traits qui viennent d'une bonne main , & qui ne s'accordent pas avec les louanges que la Présidente d'Osembrai lui donne dans sa Lettre , ni avec celles que l'on lit dans son épitaphe.

Il tomba malade , ajoute Mademoiselle , *au siege de Courtray , d'avoir bu trop d'eau-de-vie :* ce qui prouve , que malgré la confession générale qu'on lui fit faire , il n'étoit pas bien converti. On dit *qu'il avoit donné de grandes marques de courage ;* qualité qui n'est nullement incompatible avec ce caractere violent & emporté, que l'Auteur des *Mémoires Secrets* lui attribue ; *& que l'on ne parloit de son esprit & de sa conduite , que selon que l'on a accoutumé , selon qu'on aime les gens :* ce qui paroît fort contraire à ce regret général , & à *cette douleur publique ,* dont la Présidente d'Osembrai parle dans sa Lettre ; d'autant plus que Mademoiselle dit encore , que M. de Lausun ne lui parlant que de la perte que le Roi & l'Etat avoient faite en M. de Vermandois , en le mettant au-dessus des plus grands hommes qui eussent jamais été , elle lui répondit : *Modérez ces louanges pour que l'on vous puisse croire ; un homme de cet âge ne peut avoir toutes les qualités que vous lui donnez.* Paroles qui font voir que ce mérite extraordinaire, que l'on attribue au Comte de Vermandois, dans son épitaphe, étoit au moins problématique.

Les sentimens étoient donc partagés sur ce jeune Prince. 1°. Les uns l'élevoient jusqu'aux nues, les autres ne croyoient pas qu'il méritât, à beaucoup près, toutes les louanges que l'on lui donnoit : ce qui paroît certain, c'est qu'il avoit été dans la disgrace du Roi, qui ne vouloit point le voir à cause de ses débauches. 2°. Que pour rentrer dans les bonnes graces de son pere, il fit une confession générale, ainsi que Mademoiselle l'assure dans ses Mémoires. 3°. Qu'il parut avoir changé de conduite & de sentimens, quoiqu'il ne fût nullement détaché de ses débauches, puisque l'on crut, peu de temps après, qu'il étoit tombé malade *d'avoir bu trop d'eau-de-vie.* 4°. Qu'il eut la permission de revenir à la Cour, sur ce que l'on croyoit *qu'il se fût fait fort honnête homme ;* &

C vj

qu'il en partit pour se rendre à l'armée qui fit le siege de Courtray.

On a observé qu'il n'eut permission de reparoître à la Cour, que sur la fin d'Octobre 1683, pour y prendre congé avant que de partir pour sa premiere campagne, & qu'il n'y étoit resté que quatre jours; c'est plus qu'il n'en faut pour y faire de grandes fautes. Il avoit certainement des entrées plus libres & plus familieres chez Monseigneur le Dauphin, que les autres Courtisans. Oseroit-on nier qu'il ne soit possible qu'il lui ait manqué de respect jusqu'à un excès que l'on ne pouvoit se dispenser de punir ? Ses débauches avérées, qui l'avoient fait tomber dans la disgrace du Roi; l'habitude où il étoit de boire de l'eau-de-vie, jusqu'à se rendre malade, n'annoncent certainement pas un caractere incapable de se porter à une violence exceſſive dans un tranſport de colere. On n'a nulle peine à concevoir qu'il pouvoit être plus aigri que corrigé, par la diſgrace qu'il venoit d'éprouver, & par la gêne où il avoit été retenu *ſans voir perſonne, & ſans ſortir que pour aller à l'Académie, & le matin à la Meſſe.*

RÉPONSE aux Repliques du R. P. Griffet.

Le R. P. Griffet dit, page 339 de ſon Traité, que comme on ne doit pas juger d'un homme ſur le témoignage de ſon ennemi, il faut, avant que d'en adopter le portrait fait par un Auteur contemporain, examiner ſi cet Auteur n'avoit pas quelqu'intérêt à le louer ou à le blâmer. Cette regle eſt très-judicieuſe;

comment le R. P. Griffet a-t-il pu s'en écarter & ne pas faire attention à ce qu'il avoit sous les yeux? Après avoir cité ce que Mademoiselle de Montpensier raconte de M. de Vermandois, *voilà certainement*, dit-il, *des traits qui viennent d'une bonne main*. Il auroit dû dire au contraire & avertir le Lecteur que le témoignage de cette Princesse devoit être très-suspect, puisqu'elle dit tout de suite, *pour moi, je ne fus pas fâchée de la mort de M. de Vermandois ; j'étois bien aise que* (a) *M. du Maine n'eût aucune*

(a) On voit dans les Mémoires de Madame de Maintenon, Tome II, p. 113, toute l'adresse avec laquelle on amena Mademoiselle de Montpensier à adopter M. le Duc du Maine. « Madame de Mon-
» tespan gagnoit-elle un bijou à une lo-
» terie, le Duc du Maine le portoit aussi-

de ces affaires devant lui; c'eſt à dire qu'il n'eût plus un frere qui partageât la tendreſſe de Louis XIV. On voit encore très-clairement que les louanges que l'on donnoit à M. de Vermandois , lui déplaiſoient : *Il me ſembloit*, ajoute-t-elle, *que c'étoit pour dépriſer M. du Maine, de dire que perſonne n'égaleroit jamais M. de Vermandois.* On ne peut pas douter d'après cela qu'elle ne fût très-diſpoſée à déprimer & à entendre déprimer ce jeune Prince, qui certainement étoit jalouſé de la plupart des perſonnes atta-

---

» tôt à cette Princeſſe qui donnoit dans
» les pieges tendus à ſa reconnoiſſance &
» à ſa crédulité, ſe paſſionnant pour un
» enfant qui , tous les matins, lui écri-
» voit les plus jolis billets ; elle répon-
» doit par des ſentimens de mere, à des
» ſentimens ſuggérés ».

chées à M. du Maine & à Madame de Montespan ; & la circonstance qu'il étoit tombé malade *pour avoir bu trop d'eau-de-vie*, devient très-douteuse, lorsque Mademoiselle de Montpensier est la seule qui la rapporte ; on apperçoit dans ses Mémoires que son imagination se laissoit assez souvent guider par sa prévention pour ou contre les personnes dont elle parloit ; je n'en citerai que cette preuve-ci : *Un homme, dit-elle, amoureux d'une Demoiselle qui étoit à l'Abbaye au Bois, crut avoir un rival ; il vit sortir du même lieu un homme en chaise ; il fit arrêter les porteurs, & commença par lui dire qu'il lui donneroit mille coups ; M. de Lausun sortit de sa chaise, parla à cet homme, lui fit de grandes excuses, & lui dit, je crois, pour qui il avoit dessein ; on se moqua fort de lui & il l'a bien dé-*

Page 250, derniere Partie.

ſavoué. Quel trait à tranſmettre à la poſtérité ! Comment a-t-elle pu le croire, l'écrire, & vouloir jetter cet oprobre ſur un gentilhomme d'un courage éprouvé à la guerre & en trois combats ſinguliers; qu'elle avoit voulu élever & qu'elle avoit peut-être élevé juſqu'à elle ! Qu'on juge à préſent ſi l'on doit reſter indécis entre ſon témoignage & celui de la Préſidente d'Oſembrai & de M. de Lauſun ; Madame d'Oſembrai ne pouvoit avoir aucune raiſon d'aimer ou de haïr M. de Vermandois; elle écrivoit ce qu'on en diſoit généralement à la Cour & à la Ville, les éloges qu'on en faiſoit & les ſenſibles regrets que ſa mort avoit cauſés ; M. de Lauſun étoit au ſiege de Courtray, & avoit été témoin oculaire de la conduite & des mœurs de ce jeune Prince.

Si j'ai dit que M. de Vermandois étoit débauché , je me fuis trompé , ne me rappellant pas pré-cifément ce que j'avois lu dans quelques Ouvrages de ce temps-là ; il y eft dit unanimement que le Prince de Conti (ce même Prince de Conti qui , deux ans après , fe couvrit de tant de gloire en Hongrie) fe laiffa entraîner dans deux parties de débauches , & que fur le pari d'un cheval avec le Chevalier de Tilladet , & par une fuite de plaifanterie & de folie de jeuneffe plutôt que de libertinage , il s'étoit engagé à amener avec lui le Comte de Vermandois , fon beau-frere & qui n'avoit que quinze ans ; que Louis XIV en fut auffi-tôt informé; qu'il exila le Prince (*a*) de Conti

(*a*) A fon retour de Hongrie , en 1685 , s'étant enfermé avec fa femme qui avoit la petite vérole , il gagna cette maladie à Chantilli, & défendit au Comte de Vermandois de se présenter devant lui & à la Cour. Personne n'a dit, & il n'y a pas la moindre preuve que le Comte de Vermandois se soit trouvé depuis dans quelque partie de débauche, & l'on a vu que Mademoiselle de Montpensier même convient *qu'il étoit fort reriré & qu'on croyoit qu'il se feroit fait un très-honnête homme.* Pourquoi le R. P. Griffet veut-il croire *qu'il n'étoit nullement détaché de ses débauches?* parce que, dit-il, Mademoiselle de Montpensier rapporte *qu'il tomba malade au siege de Courtray pour avoir bu trop (a) d'eau-*

& en mourut le 9 Novembre, ne laissant point d'enfans. Cette Princesse de Conti, fille de Louis XIV & de Madame de la Valiere, n'est morte qu'en 1739.

(a) Expression dénigrante dont les fem-

de-vie. Il pouvoit avoir fait un foupé où l'on avoit bu des liqueurs dont il s'étoit trouvé d'autant plus incommodé qu'il n'y étoit pas accoutumé & qu'il n'avoit que feize ans. Pourquoi le R. P. Griffet prétend-il *qu'il étoit dans l'habitude d'en boire*, lorfque Mademoifelle de Montpenfier ni qui que ce foit ne l'en a accufé ? On peut boire quelquefois des liqueurs, fans être adonné à ce vice, de même que l'on peut s'être trouvé dans quelques parties de débauche, fans être un débauché.

L'Auteur des *Mémoires Secrets* dit expreffément *que l'éclat qu'avoit fait à la Cour l'action du Comte de Vermandois , ne permit pas à Louis XIV d'écouter fa tendreffe.*

---

mes ne manquent jamais de fe fervir contre ceux qui boivent des liqueurs.

Cela ne fignifie-t-il pas que le cri de cette action énorme avoit retenti, s'étoit répandu ; qu'on l'avoit contée, recontée, & n'ai-je pas eu raifon d'en conclure qu'il n'eût pas été poffible que Mademoifelle de Montpenfier & M. de Laufun n'en euffent eu connoiffance ? Le R. P. Griffet prétend que l'Auteur des *Mémoires Secrets* a voulu feulement dire que cette action avoit fait affez d'éclat pour qu'on fe crût obligé de la punir, & qu'il fuffifoit qu'elle eût été connue d'un certain nombre de perfonnes, fans être tout-à-fait publique. Cette interprétation eft-elle bien exacte, & quand même cette action n'auroit pas été *tout-à-fait* publique, eft - il concevable que Mademoifelle de Montpenfier & M. de Laufun n'en euffent point entendu parler, & que Mademoifelle de Montpenfier ne l'eût pas rappellée à M. de Laufun, lorfqu'il faifoit de fi grands éloges, de M. de Vermandois ? D'ailleurs, puifque l'action avoit fait affez d'éclat *pour qu'on fe crût obligé de la punir,* n'étoit-il pas indifpenfable de la punir avec éclat ; au lieu que, fuivant l'Auteur des *Mémoires Secrets,* on prit toutes les précautions poffibles pour que la punition en fût ignorée ?

Suite des Repliques du R. P. Griffet.

On ne craindra point de dire que les précautions étonnantes que l'on prit pour cacher le nom de ce Prifonnier, pendant fa vie & après fa mort, s'expliquent bien plus naturellement dans l'opinion de l'Auteur des *Mémoires Secrets,* que

dans tous les autres. Car si l'on sup-
pose que ce Prisonnier étoit le Comte
de Vermandois, qui ne voit que
c'eût été donner un très-grand éclat
à un affront fait au Dauphin, que
l'on vouloit ensévelir dans l'oubli,
que d'en rendre la punition publique ? qui ne voit que c'eût été
plonger dans une abyme d'affliction
la mere & la sœur de ce jeune Prince , dont l'une à la vérité ne pa-
roissoit plus à la Cour , mais dont
l'autre y étoit toujours particulié-
rement chérie du Roi, qui retrou-
voit en elle les graces de sa mere?
Quelle nouvelle à leur annoncer ,
que la détention éternelle d'un fils
& d'un frere enfermé pour le reste
de ses jours ! & qu'elles précautions
ne falloit-il pas prendre pour que
ce terrible châtiment ne parvînt jamais à leur connoissance ! On ne
prétend pas assurer ici comme un

fait certain, l'espece de crime que l'on vouloit punir dans la personne de ce Prisonnier. Mais quand même celui qu'on lui impute dans les *Mémoires Secrets*, seroit démontré faux, il ne s'ensuivroit pas de là, qu'en se trompant sur la nature du crime, on se trompât également sur la personne. Combien d'autres fautes un jeune homme vif & emporté ne pouvoit-il pas commettre, qui eussent mérité & même exigé la plus sévere punition ?

Les raisons que l'on avoit de cacher son nom pendant sa vie, subsistoient encore après sa mort. Pouvoit-on annoncer une fin si triste & si déplorable à la mere & à la sœur de ce jeune Prince, qui lui ont survécu, sans les accabler d'une douleur extrême, qu'il étoit naturel, après un si long oubli, que l'on voulût leur épargner ?

RÉPONSE

RÉPONSE aux Repliques du R. P. Griffet.

Est-il vraisemblable que Louis XIV & son Conseil eussent pris une résolution aussi étrange , aussi bisarre , aussi difficile dans l'exécution, que celle d'obliger le Comte de Vermandois de feindre une maladie; de le faire enlever au milieu de tous ses domestiques, sans qu'aucun pût s'en appercevoir, & de l'envoyer masqué , sous une escorte bien discrete, à l'autre bout du Royaume, tandis que par une momerie peu décente , on lui feroit de magnifiques obseques, avec messes, *de profundis* pour le repos de son ame, & une épitaphe où on lui prodigueroit les plus grands éloges , malgré l'éclat qu'auroit fait son attentat ,

D

& la jufte indignation que ces éloges exciteroient dans le cœur de
tous ceux qui auroient fçu à quel
point il s'étoit rendu coupable? N'auroit-il pas été tout fimple de faire
courir, le bruit que fes débauches,
puifqu'on veut qu'il fût un débauché, lui avoient affoibli, dérangé
la tête ; qu'il avoit, depuis quelque temps, des vertiges, des accès de folie & même de fureur ;
qu'il venoit d'en donner, tout récemment des marques chez M. le
Dauphin; qu'en conféquence on alloit l'enfermer dans une Citadelle;
Madame de la Valiere & Madame
la Princeffe de Conti auroient-elles
pu fe récrier contre cette punition,
lorfque d'ailleurs, en le faifant foigneufement garder, on lui auroit
laiffé la permiffion de fe promener
& de recevoir quelquefois des vi-
fites ? ce châtiment n'auroit-il pas

été plus naturel , plus afforti à la tendreffe d'un pere , que de condamner un fils , & un fils qui n'avoit que feize ans , à être enféveli dans l'obfcurité d'une prifon & à ne voir que le chef de fes gardiens ?

Mais, dit le R. P. Griffet, *n'euffe pas été donner un très-grand éclat à un affront fait* à M. le Dauphin, *que l'on vouloit enfévelir dans l'oubli, que d'en rendre la punition publique ?* Le Roi & M. le Dauphin peuvent-ils recevoir un affront d'un de leurs fujets? Une violence ne devient un affront qu'autant qu'on eft en état & en pofition d'en tirer vengeance par la voie des armes ; M. le Dauphin pouvoit-il appeller en duel le Comte de Vermandois ? d'ailleurs les préjugés du point d'honneur, même entre fimples gentilshommes, exigent-ils que deux freres , quoiqu'ils fe foient violem-

ment outragés, aillent se battre &
s'égorger ?

Ni Mademoiselle de Montpensier, ni aucun autre n'a dit que
le Comte de Vermandois étoit *fier
& emporté* ; l'Auteur des *Mémoires
Secrets* est le seul qui lui attribue
un pareil caractere, & l'on est très-
fondé à croire qu'il n'a imaginé de
le lui attribuer, que pour donner
quelque vraisemblance à l'inconcevable anecdote qu'il vouloit rapporter. S'il eût-été *fier & emporté* ;
*s'il n'eût laissé échapper aucune occa-
sion de parler avec mépris du Dauphin & de plaindre les François d'être
destinés à obéir un jour à un Prince
sans esprit & si peu digne de les
commander*, ces discours répétés *en
toute occasion*, ne seroient-ils pas
revenus à Mademoiselle de Montpensier ? est-il naturel d'imaginer
qu'elle les eût ignorés, & n'auroit-

elle donc pas dit à M. de Lauſun qu'il étoit bien étonnant qu'il donnât les plus grands éloges à un jeune homme d'un caractere violent, emporté, d'une inſolence qui alloit juſqu'à la folie, & qui venoit enfin de ſe procurer la mort par la honteuſe habitude où il étoit de boire de l'eau-de-vie ? Se feroitelle contentée de répondre, *modérez ces louanges pour qu'on les puiſſe croire ; un jeune homme de cet âgelà ne peut avoir toutes ces qualités ?*

Suite des Repliques du R. P. Griffet.

M. DE PALTEAU dit dans ſa Lettre, que l'Homme au maſque étoit connu dans l'Iſle Sainte-Marguerite & à la Baſtille, fous le nom de *la Tour.* On ne lit rien de pareil dans le Journal de M. du Jonca, & fi on lui eût donné ce nom, qui eſt fi commun qu'il ne paroît déſigner aucun homme de marque, il y a lieu de croire que l'on n'eût fait aucune difficulté de le mettre ſur le Regiſtre mortuaire de la Paroiſſe de S. Paul où il fut enterré, ou quelqu'autre nom ſemblable. Mais non, l'on lui donne ſur ce Regiſtre, le nom de *Marchiali* ; mot évidemment fabriqué exprès, & qui par-là même, fait juger que ce n'eſt point un nom véritable. Par quel haſard eſt-il arrivé qu'en tranſpoſant les lettres qui forment ce nom biſarre, pour en faire une anagramme, on y trouve, lettre pour lettre, ces deux mots, l'un latin, & l'autre françois : *Hic Amiral*, c'eſt l'Amiral ? On eſt bien éloigné de donner cette anagramme comme une preu-

ve. Il n'eſt nullement vraiſemblable que ceux qui avoient inventé
ce nom , euſſent voulu trahir par-
là le ſecret qui leur étoit confié ,
dans le temps même qu'ils pre-
noient tant de précautions pour le
garder ; mais on ne peut nier que
cette rencontre , quand même elle
ſeroit fortuite , n'ait quelque choſe
de fort ſingulier : elle pourroit con-
venir au Duc de Beaufort , comme
au Comte de Vermandois , ſi l'on
n'avoit de fortes raiſons de l'appli-
quer à celui-ci plutôt qu'à l'autre.

A l'égard de l'âge de quarante-
cinq ans , attribué à ce Priſonnier
ſur le Regiſtre mortuaire de la Paroiſſe de S. Paul , il ne convien-
droit ni au Duc de Beaufort , qui
eût été beaucoup plus âgé ; ni au
Comte de Vermandois , qui n'auroit eu que trente-ſix ans ; ni au
Duc de Montmouth qui en auroit

eu cinquante-quatre. Mais on n'eſt pas ſûr que ceux qui dreſſerent cet Acte, & qui le ſignerent, euſſent pris la peine de ſupputer bien exâctement les années que ce Priſonnier avoit vécu ; & s'ils l'avoient fait , peut-être n'auroient-ils pas voulu en laiſſer une marque à la poſtérité.

RÉPONSE.

Il ſeroit très-facile de faire des anagrammes bien plus ſingulieres que celle que rapporte le R. P. Griffet, ſi l'on pouvoit s'aider de deux Langues ; malgré ce ſecours irrégulier , elle n'eſt pas encore exâcte, puiſqu'il eſt très-certain que ſur le Regiſtre de ſépulture, *Marchialy* eſt écrit ainſi par un *y* grec,

& que ce *hyc*, si bien imaginé,
n’est donc plus ni françois, ni latin, ni, je crois, d’aucune Langue.
D’ailleurs, si l’on avoit voulu dé-
signer qui étoit le mort, auroit-on
pensé à sa Charge, dont il n’avoit
jamais fait les fonctions, & qu’un
autre (le Comte de Toulouse) possédoit depuis vingt ans ? Avoit-il
été d’usage de l’appeller *M. l’Amiral*, & ne voit-on pas le contraire
dans les Mémoires de Mademoiselle de Montpensier, dans la Lettre de Madame d’Osembrai & dans
tous les Livres où il est parlé de
lui ? N’eût-il pas été très-aisé de
faire une anagramme de *Vermandois* ? Mais ce qui doit paroître
très-extraordinaire, & ce que le
R. P. Griffet a oublié de remar-
quer, c’est qu’on ait enterré un
homme dans un cimetiere chré-
tien, & qu’on ait mis son nom

fur le Regiftre de fépulture d'une Paroiffe, fans y joindre fon nom de baptême, le principal figne de notre Religion, & qu'on n'eft ni Juif, ni Mahométan.

Suite des Repliques du R. P. Griffet.

Il ne faut pas s'imaginer que l'Auteur des *Mémoires Secrets*, foit le premier qui ait imputé au Comte de Vermandois l'attentat dont il s'agit; on en avoit parlé avant que ces Mémoires aient paru, fur une de ces traditions qui ont à la vérité befoin d'être prouvées, mais qui ne font pas toujours fauffes. Le fouvenir de celle-ci s'étoit toujours confervé, quoi qu'on n'en fît pas beaucoup de bruit du temps du feu Roi, par la crainte de lui déplaire;

[83]

c'eſt de quoi beaucoup de gens qui ont vécu ſous ſon regne , pourroient rendre témoignage.

RÉPONSE.

Tacite dit qu'il ſemble qu'on a de la peine à ſe perſuader que les Princes & les Hommes extraordinaires, quand ils meurent jeunes, ſoient morts d'une mort naturelle. M. de Vermandois étoit le fils chéri d'un grand Monarque , & d'une Perſonne qui avoit achevé de ſe rendre célebre & intéreſſante en ſe faiſant Religieuſe ; il étoit beau, bien fait, & donnoit les plus grandes eſpérances, diſent tous les Hiſtoriens ; il fut également regrété du Soldat & de l'Officier ; on s'entretenoit de ſa figure, de ſa jeuneſſe, de ſon courage ; peut-être que les perſonnes de la Cour de M. le Dauphin, ne parurent pas fâchées de ſa mort ; tant de faux bruits qui courent tous les jours, prouvent que ſouvent il n'en faut pas tant pour faire imaginer à quelqu'un une nouvelle où il n'y a pas la moindre circonſtance qui ſoit vraie. Pourquoi n'eſt-il pas dit un ſeul mot de l'anecdote en queſtion dans tant de Livres qui ont paru depuis la mort de Louis XIV ? Eſt-ce qu'aucun des Auteurs de ces Livres n'en avoit entendu parler, ou n'eſt-ce point que tous l'ont regardée comme très-fauſſe, très-inconcevable & très-mal imaginée à tous égards ? Comment ce peut-il que le R. P. Griffet, avec tant de diſcernement, de ſagacité & d'uſage du monde & de l'Hiſtoire, n'en porte pas le même jugement ?

Dix-ſept ou dix-huit mois avant

[85]

la mort du Prisonnier masqué ,
Constantin de Renneville fut mis
dans la même prison ; il y resta
plusieurs années ; dès qu'il en fut
sorti , il repassa en Angleterre & en
Hollande , & y fit imprimer son
Histoire de la Bastille , où il a en-
tassé le vrai & le faux avec l'impu-
dence la plus outrée , & dans le
style le plus grossier. Il raconte qu'un
jour étant entré dans une Salle, on
fit promptement tourner le dos à
un homme qui y étoit, pour qu'il
ne pût pas lui voir le visage ; que
Reilhe , le Chirurgien-Major, &
Ru , le Porte-clefs, lui avoient dit ,
quelque-temps après , que ce Prisonnier étoit d'une naissance distinguée ; qu'à la sollicitation des Jésuites chez qui il étudioit , Louis
XIV l'avoit condamné à une prison perpétuelle, il y avoit trente-un
an , pour avoir fait des Vers con-

Préface ,
T. I, p. 49.

tr'eux ; qu'il avoit été détenu, pendant plusieurs années, à l'Isle Sainte-Marguerite d'où M. de Saint-Mars l'avoit amené à la Bastille avec des précautions extraordinaires pour que personne ne le vît dans la route. *Cet homme , ajoute-t-il , dont je n'ai pu sçavoir le nom , étoit de moyenne taille bien (a) traversée , portant cheveux d'un crêpé noir fort épais & dont aucun n'étoit encore mêlé. Etant devenu , pendant sa prison , l'héritier de toute sa famille qui possédoit de grands biens , il obtint des Jésuites , deux ou trois mois après que je l'eûs vu , sa grace & son élargissement , moyennant de l'argent.* Il seroit ridicule de s'arrêter à réfu-

––––––––––––––––––––––––

(*a*) C'est d'un cheval fort du dessous & large du poitrail , qu'on dit *qu'il est bien traversé.*

ter un conte aussi méprisable que celui de dire que les Jésuites ne se feroient pas contentés de faire bien fouetter leur Ecolier, & qu'ils auroient été demander à Louis XIV que ce fils de gens de qualité & très-riches, fût condamné à une prison perpétuelle, pour avoir fait des Vers contr'eux , & c'auroit donc été ce Poëte que M. de Saint-Mars traitoit avec tant de respect ; mais la fausse confidence que le Chirurgien-Major & le Porte-clefs firent à Renneville , mérite quelque réflexion ; il dit positivement que ce fut en 1705 qu'ayant vu par hasard cet homme , à qui l'on fit promptement tourner le dos , ils lui en conterent l'histoire ; or , ils sçavoient que le Prisonnier masqué étoit mort en 1703 ; que doit-on présumer de leur fausse confidence ? que même après sa mort , on con-

tinuoit toujours à tâcher de dé-
tourner les foupçons qu'on avoit
eus , ou qu'on pourroit avoir.
Peut-être auffi qu'excepté M. de
Saint-Mars , aucun Officier à l'Ifle
Sainte-Marguerite & à la Baftille,
n'avoit fçu véritablement qui il
étoit, & que ce Gouverneur avoit
affecté de jetter de fauffes lueurs
fur ce myftérieux événement.

Ceux qui voudront toujours croire
que c'étoit le Comte de Vermandois, pourront ajouter une remarque affez finguliere aux autres circonftances de fon anecdote : c'eft
qu'il feroit mort à la Baftille le 19
Novembre 1703 , précifément le
même mois & le même jour, vingt
ans après qu'on l'avoit cru mort en
Flandres, la nuit du 18 au 19 Novembre 1683 , felon plufieurs Relations.

Je vais à préfent rappeller mon

opinion, telle que je la publiai il y a deux ans ; enfuite on verra mes réponfes aux objections du R. P. Griffet, avec les nouvelles recherches que j'ai faites & les nouveaux éclairciffemens que je crois avoir eus ; & j'efpere qu'on trouvera qu'il n'eft point auffi révoltant qu'il le dit, de fuppofer qu'un Prince qu'on a cru publiquement décapité à Londres, ne l'ait point été.

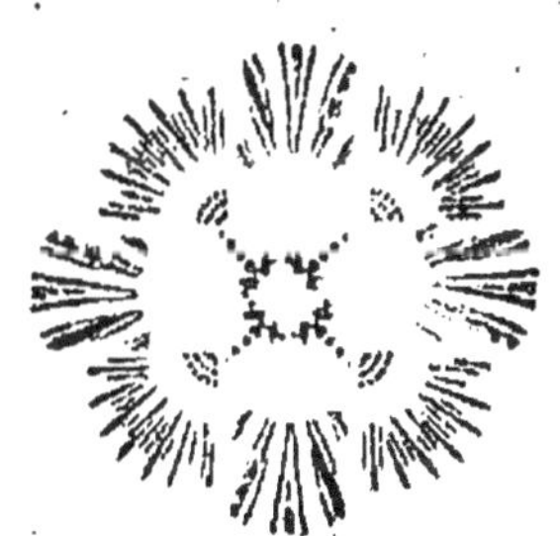

Le Prisonnier masqué étoit le Duc de Montmouth, fils de Charles II, Roi d'Angleterre, & de Lucie-Valters. L'extrême affection que le peuple avoit pour lui, & l'idée que la Nation Angloise, quoiqu'elle semblât s'être soumise à Jacques II, n'atendoit qu'un chef pour chasser du trône un Roi *Papiste*, lui firent former une entreprise qui auroit pu lui réussir si elle n'avoit pas été si prématurée. Il débarqua à Lime, dans le Comté de Dorset, n'ayant guere que cent vingt hommes à sa suite ; il se trouva bientôt à la tête de près de six mille ; quelques Villes se déclarerent pour lui ; il s'y fit proclamer Roi, soutenant que sa naissance étoit légitime & qu'il avoit le contrat & les preuves du ma-

riage de Charles II avec (*a*) fa mere. Il attaqua près de Bridgevater,
l'armée Royale commandée par Milord Feversham ; après trois heures
de combat, la victoire commençoit
à fe déclarer pour lui , lorfque la
poudre & les balles manquerent à
fes troupes ; la lâcheté du Lord
Grai , qui commandoit fa cavale-
rie, acheva de les décourager ; elles
prirent la fuite ; le malheureux
Montmouth ne put échapper à ceux
qui le pourfuivoient ; il fut conduit
à Londres & condamné à être décapité le 15 Juillet 1685. Tous les
Hiftoriens rapportent qu'il étoit
très-brave, très-affable, d'un caractere doux & d'une figure très-noble
& très-belle. *Telle fut,* dit M. Hume,

––––––––––––––––––––

(*a*) Le Duc de Montmouth étoit né onze
ans avant le rétabliffement de Charles II
fur le trône.

à l'âge de trente-six ans , la fin d'un Seigneur que ses belles qualités auroient pu rendre l'ornement de la Cour & capable de bien servir la Patrie. La tendresse que le Roi son pere avoit eue pour lui , les caresses d'une nombreuse faction , & les amorces de l'affection populaire , l'avoient engagé dans une entreprise supérieure à ses forces. L'amour du peuple le suivit dans toutes les variétés de sa fortune. Après son exécution même , ses partisans conserverent l'espérance de le revoir à leur tête ; ils se flatterent que le prisonnier qu'on avoit exécuté, n'étoit pas le Duc de Monmouth, mais quelqu'autre qui , lui ressemblant beaucoup , avoit eu le courage de mourir à sa place & de lui donner cette preuve de son extrême attachement.

Il est certain que le bruit courut dans Londres qu'un Officier de son armée, qui lui reſſembloit beaucoup, fait priſonnier, & ſûr d’être condamné à mort , avoit reçu la propoſition de paſſer pour lui avec autant de joie que ſi on lui eût accordé la vie ; & que ſur ce bruit, une grande Dame ayant gagné ceux qui pouvoient ouvrir ſon cercueil, & lui ayant regardé le bras droit, s’étoit écriée, *ah ! ce n’eſt pas lui.*

Quelques jours après que le Roi Jacques eut abandonné ſes Royaumes, dit l’Auteur d’un Livre qui a pour titre, Amours de Charles II & de Jacques II , Rois d’Angleterre, le Page 74 & 75 , premiere Partie. *Comte Danby envoya chercher le Colonel Skelton , qui avoit eu ci-devant la Lieutenance de la Tour, & à qui le Prince d’Orange l’avoit ôtée pour la donner au Lord Lucas :* M. Skelton, *lui dit le Comte Danby, hier en ſoupant avec Robert Johnſton, vous lui dites que le Duc de Mont-*

mouth étoit vivant , & qu'il étoit enfermé dans quelque Château en Angleterre : je n'ai point dit qu'il étoit vivant & enfermé dans quelque Château , puisque je n'en sçais rien , répondit Skelton ; mais j'ai dit que
la nuit d'après la prétendue exécution
du Duc de Montmouth , le Roi ac-
compagné de trois hommes , vint lui
même le tirer de la Tour ; qu'on lui
couvrit la tête d'une espece de capu-
chon , & que le Roi & les trois hommes entrerent avec lui dans un carrosse.

Je sçais le peu de cas qu'on doit
faire de ce qui est rapporté dans des
Livres pareils à celui que je viens de
citer , & dont les Auteurs ne cher-
chent qu'à amuser leurs Lecteurs en
mêlant des fiction agréables à quelques vérités ; mais cette anecdote ,
vraie ou fausse , m'a rappellé ce que
d'autres & moi avons entendu ra-

conter plus d'une fois au P. Tournemine. Etant allé faire vifite à la Ducheffe de Porfmouth, avec le Confeffeur du Roi Jacques, le P. Sanders, elle leur dit, dans une fuite de converfation, qu'elle reprocheroit toujours à la mémoire de ce Prince, l'exécution du Duc de Montmouth, après que Charles II, à l'heure de la mort, & prêt à communier, lui avoit fait promettre devant l'Hoftie que Huldefton, Prêtre Catholique, avoit fecrétement apportée, que quelque révolte que tentât le Duc de Montmouth, il ne le feroit jamais punir de mort : auffi ne l'a-t-il pas fait, répondit avec vivacité le P. Sanders.

Nelaton, Chirurgien Anglois, alloit tous les matins au Caffé de Procope ; il y a raconté plufieurs fois qu'étant premier Garçon chez un Chirurgien, près de la Porte Saint-Antoine, on vint un jour le chercher pour une faignée, & qu'on le mena à la Baſtille ; que le Gouverneur l'introduiſit dans la chambre d'un Priſonnier qui avoit la tête couverte d'une longue ſerviette nouée derriere le cou ; que ce Priſonnier ſe plaignoit de grands maux de tête ; que ſa robe de chambre étoit jaune & noire à grandes fleurs d'or, & qu'à ſon accent, il avoit très-bien remarqué qu'il étoit Anglois.

Le bruit courut, en Provence, qu'il y avoit à la Citadelle de l'Iſle Sainte-Marguerite, un Prince Turc, nommé Macmouth, qu'on y gardoit avec beaucoup de précautions ; ne ſeroit-il pas aſſez vraiſemblable qu'un Matelot Provençal, plus familiariſé avec les noms de Muſtapha, de Selim, de Macmouth, qu'avec qu'avec les noms Anglois, ait cru lire Macmouth fur l'affiette d'argent jettée par la fenêtre, & où d'ailleurs le nom de Monmouth écrit avec la pointe d'un couteau, pouvoit ne pas être trop lifible.

Outre que le Duc de Monmouth étoit d'une figure (a) diftinguée, il eût été très-difficile de le tenir bien caché en Angleterre ; d'ailleurs il n'étoit pas poffible que Jacques II ne réfléchît quelquefois qu'un Roi Catholique Romain ne pourroit ja-

____

(a) On prétend qu'il avoit été paffionnément aimé de plufieurs femmes, entr'autres de la Princeffe d'Orange, pendant le féjour qu'il fit en Hollande. On lit dans les Mémoires de M***, pour fervir à l'Hiftoire du dix-feptieme Siecle, Tome III, page 255, que la nouvelle de fa mort infpira à cette Princeffe la haine la plus violente contre fon pere qu'elle parvint dans la fuite à détrôner.

mais être fort agréable aux Anglois;
que dans ce Royaume, les factions
fe forment & que les troubles s'y
élevent très-aifément; que le Gouverneur d'une Forterefſe ou d'une
Ville s'y croit moins placé par le
Roi que par la Nation, & que s'il
imagine qu'il eft de l'intérêt de la
Patrie de délivrer un Prifonnier,
il ne tardera pas à le mettre en liberté. Lié par un ferment folem-
nel, par la reconnoifſance & le refpect qu'il devoit à la mémoire d'un
frere * qui l'avoit toujours beaucoup aimé, Jacques II , en accor-
dant la vie au Duc de Monmouth,
penfa donc qu'il feroit hors de
toute inquiétude à fon égard, en
le faifant paſſer en France, & que
Louis XIV, quand même leurs in-
térêts communs changeroient, étoit
incapable de jamais trahir fa con-
fiance,

* Charles II.

Enfin, qu’on cherche, qu’on life, qu’on réfléchiſſe ſur tous les événe-mens de ces temps-là , trouvera-t-on ; je ne dis pas ſeulement en France, mais même dans toute l’Eu-rope , quelque Prince à l’égard de qui l’on puiſſe imaginer qu’il ait été de la plus grande importance qu’on ignorât ſa détention & qu’on prît toutes les précautions qu’on prenoit pour cacher qui étoit le Pri-ſonnier au maſque ? Je n’en vois aucun , excepté le Duc de Mon-mouth.

*Nouvelles Remarques sur le Pri-
sonnier masqué, insérées dans
le Journal Encyclopédique,
Novembre 1768, p. 112.*

APRÈS avoir lu dans votre dernier Journal l'Extrait de l'Ouvrage
où M. de Saintfoix ouvre une nouvelle vue sur le Prisonnier masqué,
j'ai recouru avec empressement aux
révolutions d'Angleterre sous le regne de Jacques II, imprimées en
1689, à Amsterdam, en un volu-
me *in*-12 de 464 pages. C'est un de
ces Libelles dont les Réfugiés François, soudoyés par le Roi Guillaume, remplissoient alors l'Europe;
il a eu le sort des Ouvrages de ce
genre, le sort de tous les Ouvrages de parti, qui survivent à peine

à la chaleur qui les a produits; mais pour les détails, ils ont le mérite que l'on ne peut refuser aux Ecrits contemporains.

Voici de quelle maniere s'explique celui dont il s'agit sur la cataſtrophe du Duc de Monmouth (page 67) :

Arrêté après ſa défaite, le cœur l'abandonna, dès qu'il ceſſa d'être libre. Il ne ſe contenta pas d'écrire au Roi, il écrivit auſſi une Lettre très-touchante à la Reine douairiere. Cette Princeſſe obtint du Roi que non-ſeulement il verroit ce malheureux Prince, mais qu'il lui accorderoit une longue audience en préſence de deux Secrétaires. Le Duc ſe préſenta donc devant le Roi, ſe jetta à ſes pieds, répondit à pluſieurs queſtions qu'il lui fit, lui avoua qu'il méritoit la mort, & le conjura, les larmes aux yeux, de ne pas uſer de ſon

droit, & de lui accorder, en lui ac-
cordant la vie, une grace dont il ne
se rendroit jamais indigne ; il lui ré-
péta les exemples de plusieurs grands
Princes qui s'étoient laissés toucher en
pareilles occasions, & qui ne s'é-
toient pas repentis de ces actes de
générosité & de clémence ; & pour
achever de l'attendrir, il lui dit qu'il
étoit fils de Charles II, & qu'en le
faisant mourir, il répandroit son pro-
pre sang. Le Roi n'eut pas la du-
reté de lui répondre, comme Philippe
II, que lorsqu'il avoit du mauvais
sang, il se le faisoit tirer. Mais il
n'eut pas la générosité de lui accorder la vie ; il lui répondit qu'il le
plaignoit : que son crime n'étoit pas
de nature à demeurer impuni, &
que la politique en exigeoit le châtiment.

En effet, aussi-tôt après la con-
férence, le Duc fut conduit à la

Tour , où la Duchesse son épouse le vint voir , dans une tristesse mortelle ; & le lendemain , le Roi ayant signe l'arrêt de mort , il en reçut la nouvelle , sans la moindre émotion du monde , parce qu'il avoit eu le temps de s'y préparer.

Le 18 Juillet (le 15 suivant M. Hume) le Lieutenant de la Tour le fut prendre dans un carrosse de deuil , entre les neuf à dix heures du matin , & l'ayant mené jusqu'à la terrasse de la Tour , il fut reçu là par les Chérifs. Trois Evêques & deux Docteurs monterent dans le carrosse. L'échaffaud étoit couvert d'un tapis de velours noir , & l'Exécuteur vêtu de deuil , car on le vouloit traiter en Prince.

Comme le Duc avoit donné par écrit tout ce qui pouvoit concerner l'Etat , il protesta en arrivant sur l'échaffaud , qu'il n'avoit pas dessein

de beaucoup parler ; & se réduisit à
dire qu'il mouroit Protestant & plein
de repentance de ses péchés. Les
Evêques & les Chérifs lui firent néan-
moins plusieurs demandes auxquelles
il répondit ; mais comme il leur fit
connoître souvent qu'il n'étoit là que
pour mourir, & qu'il avoit tout dit,
il se tourna vers l'Exécuteur, à qui
il donna six guinées pour qu'il ne le
fît pas souffrir ; précaution inutile,
car il lui donna cinq coups avant
que de lui emporter la tête de des-
sus les épaules. On dit même que
ce misérable Prince tourna la tête
au troisieme coup, & qu'il regarda
le Bourreau, & qu'alors le Bourreau
laissa tomber la hache, en disant
qu'il ne pouvoit l'achever, & qu'il
ne sçavoit où il en étoit. On lui fit
cependant reprendre la hache, & il
en donna encore deux coups, & comme
la tête ne laissoit pas de tenir encore

au corps, il acheva de l'en séparer avec un couteau.

Les personnes les moins pénétrantes attribuerent cette cruauté à la timidité de l'Exécuteur : mais les plus intelligentes demeurerent d'accord que cela étoit concerté, & que le Bourreau avoit des ordres : en effet on en avoit ainsi usé, ou à peu près, lorsqu'on avoit tranché la tête à Milord Ruffel. Enfin le Duc de Monmouth mourut après avoir beaucoup souffert. On mit le reste de son corps dans une biere couverte de velours noir, qu'on porta dans un carroffe de deuil; à la Tour, où on l'enterra dans la Chapelle du Palais.

S'il faut ajouter foi à ce que disent la plupart des gens, la Religion Proteftante ne perdit pas beaucoup en perdant le Duc de Monmouth : on dit qu'il avoit été élevé dans la Religion Romaine, & qu'il étoit Papiste dans l'ame, & que ce qu'il alléguoit dans son manifeste, n'étoit que langage politique ; mais comme il n'appartient qu'à Dieu de scruter les cœurs, & qu'il déclara qu'il mouroit Protestant, on le doit croire charitablement ; au reste son entreprise fut fort imprudente ; il s'engagea dans un dessein téméraire ; c'étoit rebellion de sa part, puisqu'il n'étoit point autorisé : enfin, Dieu vouloit réserver à un plus grand Prince la gloire de sauver l'Angleterre (le Prince d'Orange).

Le même Ecrivain ajoute, p. 86, *que peu après l'exécution du Duc, le Roi mit en liberté la Duchesse & ses enfans, en les rétablissant dans tous leurs biens.*

Ces détails contemporains, plus étendus, plus circonstanciés que ceux dans lesquels Rapin Thoiras & M. Hume sont entrés sur le même événement, favorifent en quelques parties la nouvelle opinion de M. de Saintfoix; mais il paroît difficile de les concilier avec un fait qu'ils articulent précifément.

Les proteftations du Duc de ne point parler & de n'avoir rien à dire dans ces derniers inftans où, comme le Cygne, l'Anglois eft plus babillard que dans tout le cours de fa vie, femblent annoncer de la part du perfonnage chargé du rôle du Duc, la crainte de trahir le fecret dont il étoit chargé. Ses reffemblances avec le Duc ne s'étendoient fans doute ni à celle de la voix, ni à celle du gefte & de l'action qui devoient accompagner un difcours fuivi.

Mais le choix de l'heure pour l'exécution (neuf à dix heures du matin, au mois de Juillet) aux yeux de la foule de tous états que devoit attirer une exécution auffi importante, convenoit bien peu à l'efcamotage que fuppofe M. de Saintfoix ; les flambeaux euffent été plus favorables; à la faveur de mille contre-temps qui naiffent fouvent d'eux-mêmes, & qu'il eft fi aifé de faire naître, on n'auroit pas fans doute négligé de fe ménager cet avantage.

En franchiffant la difficulté de trouver un homme dont la reffemblance avec le Duc qui avoit paffé fa vie au milieu de Londres, eût été affez marquée pour faire illufion à cette Ville, dans une circonftance qui attiroit & fixoit fur lui tous les regards, il faut fuppofer bien du merveilleux pour avoir pu trouver quelqu'un, même parmi des condamnés à mort, qui fe foit volontairement chargé d'un rôle auffi dangereux.

Dans cette fuppofition, le re-gard lancé par le Patient fur le Bourreau, après le troifieme coup de hache, pourra être regardé comme un reproche à ceux qui lui avoient promis qu'il mourroit fans douleur & fans fentir la mort : la maladreffe même du Bourreau & fa proteftation de ne pouvoir achever, pourront auffi être attribués à la connoiffance qu'il avoit de la *fuppofition de la perfonne.*

Quant à ce que dit M. Hume *des efpérances des Partifans du Duc qui fe flattoient de le voir encore à leur tête,* il fuffit d'obferver que les Anglois ont toujours cru, qu'encore aujourd'hui ils croient aux Revenans, & que leur Hiftoire eft un tiffu de mouvemens, de guerres & de révolutions occafionnés par de pareils fantômes.

Le fait fuppofé on conçoit aifément l'intérêt qu'auroit eu Louis XVI de tenir en sa possession la personne du Duc de Monmouth que le Prince d'Orange avoit fait passer en Angleterre pour y préparer les voies qu'il méditoit. Jacques II venant à mourir sans postérité masculine, le Prince qui lui naquit depuis son avénement au trône, mourant aussi sans postérité après avoir survécu à son pere, la France auroit pu faire reparoître dans le Duc un nouveau Prétendant que les Anglois eussent accueilli d'autant plus favorablement, que Stuart par son pere, Anglois par sa mere, professant la Religion Anglicane, il avoit tout l'essentiel de ce qu'exigeoit la Nation pour la succession au trône.

Les Remarques qu'on vient de lire, ne peuvent être que d'un homme d'esprit. Je crois que mes raisons lui ont paru très-probables, & qu'il souhaite uniquement que je puisse répondre à la difficulté sur la ressemblance. A l'égard de la relation qu'il cite, elle n'est pas conforme, en quelques circonstances, à celle qui fut publiée le lendemain de l'exécution.

OBJECTIONS du R. P. Griffet.

Si l'on dit que cet homme étoit le Duc de Monmout, les précautions que l'on prit pour cacher son nom deviennent inexplicables, surtout après sa mort, qui arriva certainement en 1703. Alors le Roi Charles II, son pere, n'étoit plus; le Roi Jacques II, son oncle, étoit

mort en 1701 ; & le Roi Guillaume,
Prince d'Orange, en 1702. La Reine Anne, fille de Jacques II, étoit
montée fur le trône d'Angleterre :
craignoit-on qu'elle ne follicitât la
délivrance du Duc de Monmouht,
fi elle eût fçu qu'il étoit à la Baftille ? Elle eût mieux aimé le fça-
voir là, que de le voir en Angleterre, puifque du caractere dont il
étoit, il eût été capable d'y former des conjurations & des cabales
pour la détrôner, comme il en avoit
fait pour détrôner Jacques II. Craignoit-on que la nouvelle de fa mort
n'accablât de douleur la Reine d'Angleterre, veuve de Jacques II, &
le Prétendant, leur fils, qui détef-
toient tous deux le Duc de Monmouth, comme un rebelle qui avoit
pris les armes pour difputer la couronne au Roi Jacques ? Si l'on avoit
fçu en Angleterre que Jacques, au

lieu de lui faire trancher la tête, avoit confenti qu'il fût feulement condamné à une prifon perpétuelle, cet acte de clémence auroit impofé filence à fes ennemis, qui lui ont toujours reproché la mort du Duc de Monmouth comme un acte de cruauté, quoique ce ne fût qu'un acte de juftice.

De plus, pour foutenir que ce Duc étoit l'Homme au mafque, il faut néceffairement fuppofer qu'il ne fut pas décapité à Londres, le 25 Juillet 1685, comme tout le monde l'a écrit, & comme tout le monde l'a cru ; mais qu'un homme, qui lui reffembloit, fut affez généreux pour confentir à être décapité à fa place. Il faut fuppofer que les Officiers de Juftice, & les Soldats qui le conduifirent à l'échaffaud, & qui avoient tous vu cent fois le véritable Duc de Mon-

mouth, y fûrent eux-mêmes trompés ; fuppofition qui paroît fi abfurde, qu’il n’eft pas poffible de
l’admettre quand on l’examine avec
attention : on en apporte cependant
deux preuves.

La premiere, c’eft qu’on l’a entendu dire au Pere Tournemine ;
mais ceux qui l’ont connu, avoue-
ront fans peine que le témoignage
de cent Perès Tournemine ne fuf-
firoit pas pour vérifier un fait de
cette nature. Ce Pere étoit un homme d’une imagination vive, & toujours enflammée, à peu près comme celle de Mainbourg, (quoiqu’il
s’exprimât plus noblement que lui,
& qu’il fût peut-être plus favant
à divers égards,) il aimoit à racon-
ter des chofes extraordinaires, fans
trop s’embarraffer fi elles étoient
exactement vraies ; ce qui faifoit
dire, quand on rencontroit des gens
du même caractere :

» Il reſſemble à Tournemine
» Qui croit tout ce qu'il imagine.

C'eſt ce qu'on voit dans une Lettre ſatyrique , imprimée au commencement de la Régence ; & l'on ſçait d'ailleurs qu'en cet endroit , l'Auteur de la Lettre n'a point outré la ſatyre.

La ſeconde preuve que l'on apporte d'un fait ſi extraordinaire , c'eſt que M. Hume raconte que le bruit courut dans Londres , parmi les Partiſans du Duc de Monmouth, que ce n'étoit pas lui qu'on avoit décapité, mais un autre qui lui reſſembloit beaucoup, & qui avoit eu le courage de mourir à ſa place, & de lui donner cette marque de ſon extrême attachement. Il eſt vrai que ces paroles ſe trouvent dans l'Hiſtoire de M. Hume , mais il ne les donne pas pour des vérités;

& il rapporte, comme tous les autres Contemporains, que le Duc de
Monmouth fut réellement décapité
à Londres.

***

RÉPONSE.

Jacques II étoit déja dans un
âge aſſez avancé ; il pouvoit mourir ; il pouvoit devenir la victime
de ſes projets, être aſſaſſiné, em-
poiſonné, avant que la Reine lui
eût donné un fils, & ſa couronne
auroit paſſé à la Princeſſe & au
Prince d'Orange, l'horreur & la
terreur de tous les Catholiques
d'Angleterre.

Monmouth, diſent tous les Hiſtoriens, étoit d'un caractere doux,
affable, généreux, ennemi des vio-
lences & de la perſécution ; il en
avoit donné des preuves dans les

Burnet, Tom. III, p. 55 & 58. Hume T. III, in-4º, p. 252 & 272.

troubles de l'Ecoſſe, & en d'autres occaſions ; d'ailleurs , Catholique dans le cœur , l'ambition ſeule lui faiſoit profeſſer la Religion dominante.

La Reine douairiere, zélée Catholique, s'intéreſſa pour lui , & obtint de Jacques qu'il le verroit & l'écouteroit.

Les Jéſuites ne pouvoient pas ignorer que le Prince d'Orange avoit de fortes raiſons pour les regarder comme ſes ennemis perſonnels.

Monmouth reſtoit priſonnier & inconnu pendant toute ſa vie, s'il naiſſoit un fils au Roi Jacques ; mais s'il venoit à mourir ſans en avoir eu un, Monmouth, mis en liberté, aimé de ſa Nation, devenoit un concurrent bien redoutable pour le Prince d'Orange dont le caractere ſec, peu communicatif, la façon de vivre retirée, l'accueil

& les manieres froides, étoient peu propres à lui concilier l'affection des Anglois.

Ne doit-on pas présumer que les Jésuites, qui gouvernoient absolument le Roi Jacques, lui dirent qu'il étoit lié par un serment & qu'il ne pouvoit condamner son neveu qu'à une prison perpétuelle. Observons encore que Milord Grey & quelques autres, qui avoient armé pour Monmouth, obtinrent aisément leur grace.

Si le Prisonnier masqué, dit le P. Griffet, *étoit le Duc de Monmouth, pourquoi avoir caché son nom, sur-tout après sa mort ?* Parce qu'on cache ordinairement les choses qui n'ont conduit à rien. Parce que l'existence du Duc de Monmouth n'ayant pu être utile, il étoit naturel que Louis XIV ne voulût pas qu'on sçût qu'il s'é-

tôit chargé de le garder. Parce que
les Partifans du Prince d'Orange,
ayant porté l'horreur de la calom-
nie jufqu'à publier que le Prince
de Galles étoit un enfant fuppofé,
ils n'auroient pas manqué de faire
des railleries, & de dire que puifqu'on avoit bien pu trouver le
moyen de préfenter fur un échaffaud & de faire décapiter un homme à la place d'un autre, il avoit
été encore plus aifé de feindre une
groffeffe & un accouchement.

Je n'ai point dit, comme le rapporte le P. Griffet, *qu'un homme qui
reffembloit au Duc de Monmouth,
fût affez généreux pour confentir à
être décapité à fa place.* J'ai dit
(& cela eft très-différent) que le
bruit courut dans Londres qu'un
Officier de fon armée, qui lui reffembloit beaucoup, fait prifonnier,
& fûr d'être condamné à mort,

avoit accepté la propofition de paffer pour lui. Le fait eft très-poffible
& n'a rien de romanefque.

*Quand on examine avec atten-
tion*, ajoute le P. Griffet, *il paroît
abfurde , & l'on ne peut pas admettre que les Officiers de Juftice
& les Soldats n'euffent pas reconnu
que celui qu'ils conduifoient à l'é-
chaffaud , n'étoit point le Duc de
Monmouth qu'ils avoient vu cent fois.*
Quand on examinera & qu'on ré-
fléchira avec attention, on fe dira
que fur deux ou trois cens mille
perfonnes d'une même nation, il y
en a au moins cinq cens qui ont
entr'elles une reffemblance de phy-
fionomie ; que cette feule reffemblance auroit fuffi, parce qu'on étoit
préocupé de l'idée que c'étoit le
Duc de Monmouth qu'on alloit
décapiter; parce que ceux qui étoient
les plus proches, s'il leur eût fem-
blé

blé trouver quelque différence dans les traits, l'auroient attribuée à l'abattement, aux agitations de l'ame pendant plusieurs jours de prison; à tout ce que souffre la nature à l'appareil du supplice, & aux empreintes de la mort envisagée de si près. Ceux qui allerent prendre le Marquis de Saint-Valier pour le conduire au gibet, & ceux qui le virent passer, douterent-ils que ce fût lui, parce que ses cheveux qui étoient noirs la veille, étoient devenus tout blancs pendant la nuit?

Pourquoi l'Evêque de Londres ne fut-il pas nommé pour être un des deux Evêques qui devoient préparer le patient à la mort? Pourquoi choisit-on les Evêques d'Ely & de Bath? Parce qu'apparemment Monmouth n'en étoit pas connu: ces Prélats Anglicans regardent la résidence comme un de leurs principaux devoirs, & l'obfervent. Je pourrois ajouter que les chambres & les efcaliers des prifons, font toujours affez fombres, & que d'ail‑ leurs il y avoit plus d'un an que Monmouth étoit en Hollande & qu'il n'avoit paru en Angleterre.

Dès que les deux Chérifs & les Soldats furent arrivés, le prétendu Montmouth, conduit par le Lieu‑ tenant de la Tour, entra dans un carroffe avec les deux Evêques & un Docteur; pouvoit-il être vu du Peuple? Il ne mettoit pas, je crois, la tête à la portiere pour faluer. *Quand il fut fur l'échaffaud,* dit la Relation imprimée le lendemain, *il s'avança à l'autre bout, d'un pas ferme, leva un inftant les yeux au ciel, & déclara qu'il étoit très-fâché du fang qui avoit été répandu pour foutenir fa caufe, mais qu'il na'voit eu que de bonnes intentions pour l'E‑*

tat. Ce furent ses seules paroles ; mais qu'il prononça d'un ton gravé & tranquille. Il regarda ensuite la hache, donna six guignées au Bourreau, lui dit qu'il avoit ordonné qu'on lui en donnât davantage s'il ne le faisoit point trop souffrir, se mit à genoux, baissa la tête sur le bloc ; le Bourreau, &c.

Pour mieux cacher la supposition d'un homme à la place d'un autre, pourquoi, dit-on, n'avoir pas fait faire cette exécution aux flambeaux? parce que ce n'est pas l'usage en Angleterre : parce qu'on étoit dans les longs jours de l'année, & que ce retardement jusqu'à la nuit auroit étonné : parce que le Roi n'étant point aimé, il eût été dangereux d'impatienter & de laisser raisonner le Peuple assemblé.

Le P. Tournemine étoit d'une illustre Maison de ma Province ; je

le voyois affez fouvent, & j'étois
déja d'un âge, & j'avois affez d'u-
fage du monde, pour pouvoir juger des perfonnes ; je n'ai jamais
remarqué dans fa converfation ce
caractere d'efprit que le P. Griffet,
fon Confrere, lui attribue & qu'il
appuie fi *folidement* fur un trait
de fatyre. Je ne m'écarterai point
de mon ftyle ordinaire , quelque
chere que me foit la mémoire du
P. Tournemine ; je dirai feulement qu'il étoit célebre dans toute
l'Europe , aimé, eftimé, confidéré
à la Cour & à la Ville , & regardé
comme un des plus diftingués dans
un Ordre où l'on ne peut pas nier
qu'il n'y ait toujours eu des perfonnes d'un très-grand mérite : d'ailleurs je viens de chercher dans les
Mémoires de Burnet ; c'eft le feul
Hiftorien Anglois que j'aie à préfent fous la main ; j'y vois *que*

Charles II· aimoit son fils Monmouth avec une tendresse extrême..... qu'é-tant au lit de la mort, on apporta se-crétement dans sa chambre une hos-tie.... qu'il communia de la main d'un Prêtre Catholique Romain.... que la Duchesse de Portsmouth étoit présente.... qu'il recommanda vive-ment tous ses enfans naturels à son Successeur , qui certainement lui devoit la reconnoissance la plus ten-dre & la plus religieuse. Tout cela se raporte à ce que racontoit le P. Tournemine ; & puisque la plus grande partie de ce qu'il racontoit se trouve confirmée par Burnet , pourquoi vouloir qu'il ait imaginé le reste, c'est-à-dire la réponse qui échappa au P. Sanders ? parce que le fait que renferme cette réponse me paroît incroyable , répondra le P. Griffet; il n'en avoit pas pensé de même à la page 310, puisqu'il y dit

Voyez ci-dessus, p. 95.

F iij

que si l'on étoit sûr que le Prisonnier masqué ne fut conduit à Pignerol qu'en 1685, on pourroit être fondé à croire que c'étoit le Duc de Monmouth, & que cette date excluroit le Duc de Beaufort, le Comte de Vermandois, & l'Inconnu dont parle M. de Voltaire. Il me reste donc, pour achever d'établir mon opinion, de prouver cette date de 1685.

M. Fouquet ayant été condamné par ses Commissaires, le 20 Décembre 1664, à un bannissement perpétuel, Louis XIV, par des considérations d'Etat, changea cette condamnation en une prison perpétuelle à la Citadelle de Pignerol, & M. de Saint-Mars ayant été choisi pour veiller sur lui & sur les correspondances qu'il voudroit peut-être entretenir, eut des Lettres pour commander dans cette Citadelle. M. de Lausun, vers la fin de No-

vembre 1671, y fut auſſi conduit & renfermé. M. Fouquet étant mort en 1680, & M. de Lauſun ayant obtenu, en 1681, la permiſſion d'aller prendre les eaux de Bourbon, le Roi nomma M. de Saint-Mars pour l'accompagner & continuer de le garder; mais Mademoiſelle de Montpenſier ayant repréſenté qu'il y avoit eu ſouvent des querelles & des démêlés entre M. de Lauſun & M. de Saint-Mars, le Roi, à ſa priere, changea l'ordre, & chargea de cette commiſſion M. de Maupertuis, Officier des Mouſquetaires. *Mémoires de Montpenſier, Tom. VI, p. 212.*

Il eſt conſtaté par le Journal de M. du Jonca, que M. de Saint-Mars, quand il paſſa, en 1686, du commandement de la Citadelle de Pignerol au gouvernement des (a)

____

(a) M. de Guitaut, Gouverneur de ces Iſles, étant mort le 27 Décembre 1685,

Ifles Sainte-Marguerite & Saint-Honorat, emmena avec lui le Prifonnier mafqué, & qu'il l'emmena encore avec lui à la Baftille, lorfqu'il en fut nommé Gouverneur en 1698 : de forte que le Miniftere ne voulant pas, à moins d'une néceffité abfolue, avoir d'autre confident de la détention & de ce qu'étoit ce Prifonnier, que M. de Saint-Mars, faifoit fuivre à cet infortuné le fort de celui à qui on l'avoir

---

M. de Saint-Mars fut auffi-tôt nommé à ce Gouvernement ; Madame du Frênoi, fa belle-fœur, étoit, dit-on, toute puiffante fur le cœur de M. de Louvois. On voit dans la Defcription de la France, par M. de Piganiol, Tome V, page 375, qu'il n'y avoit point encore dans ces Ifles de prifonniers & de prifons d'Etat, & que M. de Saint-Mars fut le premier qui y en fît bâtir ou accommoder, apparemment d'abord pour le Prifonnier mafqué.

d'abord confié ; d'où il réfulte qu'il n'étoit pas à la Citadelle de Pignerol en 1681, parce que, s'il y avoit été , & M. de Saint-Mars étant chargé de ce fecret qu'on tâchoit de rendre impénétrable , Louis XIV & M. de Louvois n'auroient certainement pas nommé M. de Saint-Mars pour aller garder M. de Laufun, & paffer trois mois aux Eaux de Bourbon.

Au commencement de l'année 1684, à l'occafion des réjouiffances pour la naiffance du * Duc d'Anjou, il y eut une conteftation affez vive entre M. d'Herleville & M. de la Motte de Riffan ; M. d'Herleville étoit Gouverneur de la Ville & Citadelle de Pignerol , mais fans Lettres de commandement pour la Citadelle , M. de Saint-Mars continuant toujours de les avoir ; M. de la Motte de Riffan étoit Lieu-

*Né le 19 Décembre 1683.

tenant de Roi de cette Citadelle ;
on envoya de part & d'autre plufieurs Mémoires à la Cour, & il y
eut à ce fujet un Réglement fur le
fervice des Places & Citadelles. Il
eft certain, fans entrer dans des détails inutiles, que cette conteftation n'auroit pu avoir lieu, fi M.
de Saint-Mars n'eût pas été abfent
& par congé de la Cour. Il y étoit
allé, apparemment pour folliciter
le Gouvernement du Fort d'Exille
qu'il obtint. Auroit-il ofé demander ce congé, l'auroit-il obtenu, s'il
avoit été chargé de garder le Prifonnier mafqué ?

Toutes les époques que je viens
de citer, prouvent que ce Prifonnier n'étoit pas, avant 1685, à
la Citadelle de Pignerol, qui fut
certainement fa premiere prifon,
& que par conféquent ce n'étoit ni
l'Inconnu dont parle M. de Vol-

taire, ni le Duc de Beaufort, ni le Comte de Vermandois. Ces époques prouvent aussi toute la fauſ-ſeté de certains bruits ſur la naiſ-ſance de ce Priſonnier, & dont il me ſeroit très-aiſé de faire con-noître l'abſurdité par les preuves les plus ſolides & les plus convaincan-tes,

F I N.

www.ingramcontent.com/pod-product-compliance
Lightning Source LLC
LaVergne TN
LVHW050622060726
842527LV00004B/1151